LES PO

D'AMOUR

Les Plus

TENDRES

Des *Troubadours*
à *Verlaine*
Pour *Elle*, Pour *Lui*,
Pour *L'Enfant*

Choisis & Présentés par

FRANCIS
LALANNE

Les Belles Lettres
1993

© *1993, Sociale d'édition Les Belles Lettres,*
95 bd Raspail 75006 Paris.

ISBN : 2-251-44015-1

J ean Audiau s'est éteint à 29 ans, au terme d'une longue
maladie. Sur son lit de douleur, il corrigeait encore les
dernières épreuves de son anthologie des troubadours. Cette
anthologie fut la première que j'eus entre les mains. Elle
me donna l'amour des troubadours donc l'amour de chanter. C'est à lui que je dédie cet ouvrage.

À Jean Audiau

En guise de Prologue

Les mots et vous

Sans vous les mots ne sont que du papier
Mais il m'en faut pour vous dire je t'aime;
Si j'en écris les vers sur ce cahier
C'est que sans vous je ne suis qu'un poème...

Pour que d'espoir vos regards les parsèment
Combien de mots me faudra-t-il copier?
Je ne récolte jamais ce qu'ils sèment;
Sans vous les mots ne sont que du papier...

Et tant je veux vos rêves recopier
Pour que les miens leur exposent le thème,
Qu'en vain mes mots tombent dans leur guêpier;
Mais il m'en faut pour vous dire je t'aime...

Pardonnez-moi de n'être point abstème
De tous ces « moins que demain plus qu'hier » !
Et faisant leur votre nom de baptême,
Si j'en écris les vers sur ce cahier !

Car si mes vers en venant vous épier,
Vont tel l'oiseau volant à la bohème
Mes mots d'amour à votre âme pépier,
C'est que sans vous je ne suis qu'un poème !

Sans vous les mots ne sont que l'encrier
Qui m'enténèbre entre moi et moi-même ;
Où je retiens mon envie de crier
Que d'être moi je ne suis plus à même
Sans Toi.

Verlaine moins Rimbaud cela pose un problème
Car lorsqu'on les ajoute on obtient un poème
Et lorsqu'on les divise un simple théorème :
« Je t'aime moins je t'aime = toujours je t'aime... »

PAUL VERLAINE

À Arthur Rimbaud

Mortel, ange ET démon, autant dire Rimbaud,
Tu mérites la prime place en ce mien livre,
Bien que tel sot grimaud t'ait traité de ribaud
Imberbe et de monstre en herbe et de potache ivre.

Les spirales d'encens et les accords de luth
Signalent ton entrée au temple de mémoire
Et ton nom radieux chantera dans la gloire,
Parce que tu m'aimas ainsi qu'il le fallut.

Les femmes te verront, grand jeune homme très fort,
Très beau d'une beauté paysanne et rusée,
Très désirable d'une indolence qu'osée !

L'histoire t'a sculpté triomphant de la mort
Et jusqu'aux purs excès jouissant de la vie,
Tes pieds blancs posés sur la tête de l'Envie !

> *Ah ! Remonter la vie !*
> *Jeter les yeux sur nos difformités*
> *L'amour à réinventer.*

Rimbaud

ARTHUR RIMBAUD

Chanson de la plus haute tour

Oisive jeunesse,
A tout asservie,
Par délicatesse
J'ai perdu ma vie.
Ah ! Que le temps vienne
Où les cœurs s'éprennent.

Je me suis dit : laisse,
Et qu'on ne te voie :
Et sans la promesse

De plus hautes joies.
Que rien ne t'arrête,
Auguste retraite.

J'ai tant fait patience
Qu'à jamais j'oublie ;
Craintes et souffrances
Aux cieux sont parties.
Et la soif malsaine
Obscurcit mes veines.

Ainsi la prairie
A l'oubli livrée,
Grandie, et fleurie
D'encens et d'ivraies
Au bourdon farouche
De cent sales mouches.

Ah ! Mille veuvages
De la si pauvre âme
Qui n'a que l'image
De la Notre-Dame !
Est-ce que l'on prie
La Vierge Marie ?

Oisive jeunesse
A tout asservie,
Par délicatesse
J'ai perdu ma vie.
Ah ! Que le temps vienne
Où les cœurs s'éprennent !

LES COUPLES DE POÈTES

Lorsqu'un poète aime une poétesse et qu'une poétesse s'éprend d'un poète, que reste-t-il de leurs amours ?

Voici pour commencer quelques-uns des vestiges de ces échanges de vertiges entre poètes amoureux.

17

Marceline Desbordes-Valmore,
Prosper Valmore, Latouche...

> *J'ai un arbre de plante d'amours*
> *Enraciné en mon cœur*
> *proprement...*

Alain Chartier

Dans l'après-vingt ans souffrant de pré-trentaine,
Brisant du miroir les sept ans de bonheur,
Naissait et mourait de cet accord mineur
L'enfant de l'amour qu'on met en quarantaine ;

L'enfant que Latouche eut avec Marceline
Et qu'il refusa de connaître pour sien
Réveillant en elle un souvenir ancien
Qui l'avait laissée à seize ans orpheline...

Elle aima Valmore alors à ses trente ans ;
Il en avait vingt-quatre, elle était encor belle ;
Mais contre eux aussi le destin se rebelle
Et sur quatre qu'ils eurent leur prend trois enfants

C'est bien d'elle pourtant que l'on se remémore
Lorsque l'on dit amour en pensant pureté
Car elle portait toujours en son côté
Un cœur pour Latouche un autre pour Valmore ;

Si c'est pour cela qu'un Dieu l'aurait punie,
Ô comme je le plains de n'être pas humain
Et de ne pas comprendre qu'on joue d'une main
La note et de l'autre qu'on joue l'harmonie !

Ils étaient tous trois comédiens et poètes,
Et comme on le dit mari femme et amant ;
Mais la comédie de leur enlacement
Ne devint jamais la risée des gazettes.

Elle aima Latouche, il était de sa race ;
Elle aima Valmore, il voulut l'épouser ;
Latouche eut le corps, Valmore le baiser ;
L'un suivit ses pas, l'autre suivit sa trace...

Marceline dit de Latouche : « La seule âme que j'eusse
demandée à Dieu n'a pas voulu de la mienne... »

Marceline dit à Valmore : « Je ne comprends bien que
l'éternité, et je t'aime trop pour ne pas la souhaiter ardemment avec toi. »

LATOUCHE

Ton sexe, à qui l'Amour a décerné l'empire,
Sait triompher encor aux combats de la lyre.
Ô belles! dans vos chants nobles, mélodieux,
Vous mêlez la douceur et l'éclat de vos yeux.
Ainsi la Grèce a vu, par une heureuse audace,
Unir la fleur de Gnide à la fleur du Parnasse.
Aux vallons de Lesbos d'harmonieux zéphirs
Redisent de Sapho les vers et les soupirs;
Et Pindare cinq fois vit la palme divine
Abandonner son front pour le front de Corinne.

Comme elle tu vivras dans un long souvenir :
Soit qu'Amour, dans tes chants dictés pour l'avenir,
Célèbre sa douceur et ses lois éternelles;
Soit que tes vers, trempés des larmes maternelles,
De ton fils qui n'est plus consolent le tombeau,
Ton fils, ange du ciel, et si jeune et si beau!
Tel le bouton naissant, fugitive espérance
Cache un ver ennemi qui le ronge en silence :
La nymphe qui la veille admirait ses couleurs,

Ne le retrouve plus en visitant ses fleurs.

Tes chants nous rendront-ils les Muses fugitives,
Les Muses tour à tour excitant sur nos rives
    L'indifférence et les regrets?
La poésie a peur des sinistres orages;
Elle est cette colombe errant sur des naufrages,
    Qu'abritait l'arche aux flancs secrets.
A-t-elle devancé les jours de la souffrance :
Elle aura sur tes pas entrevu quelques fleurs;
Et pour ses yeux charmés, le beau ciel de la France
    Promet le signe aux diverses couleurs.

Oui, c'est pour toi, timide Marceline,
Qu'elle essaye un moment ses pas sur la colline;
C'est pour toi qu'à son vol l'horizon s'est ouvert;
    Et pour ce front pur et modeste
    Elle a sur le laurier céleste
    Cueilli le premier rameau vert.

Marceline Desbordes-Valmore

Deux noms

Je t'écrirai toujours, ne fût-ce que des larmes;
Je t'enverrai mon nom, qui signa tant d'amour!
Dis-le dans ta prière, et jusqu'à ton retour,
Le tien fera du bruit pour gronder mes alarmes;

Je le dis tant que tu viendras
Et mes pleurs, tu les sécheras.

Ton nom! partout ton nom console mon oreille;
Flamme invisible, il vient saluer ma douleur :
Il traverse avec moi le monde et le malheur,
Et la nuit, si mon rêve est triste, il le réveille.
    Il dit : Encor nous souffrirons
    Mais toujours nous nous aimerons.

Au pied d'une madone un jour j'osai l'écrire;
Il est là dans les fleurs à lui parler de toi;
Il tient tant à mon cœur qu'il t'attire vers moi.
Oh! n'est-il pas le seul qui sonne pour me dire :
    Comme l'eau dans l'eau pour toujours,
    Mes jours couleront dans tes jours!

PROSPER VALMORE

A celle que j'aime

Toi que l'amour m'offrit pour alléger le sort,
Toi qui me fis douter du pouvoir de la mort,
D'où tiens-tu le secret de tes accents magiques?
Qui t'apprit à former ces philtres poétiques?
Dont le charme enivrant soumet tout à ta voix?
Enseigne-moi ton art et ses divines lois,
Aimable enchanteresse, ange de poésie;
Fais couler dans mes vers ta céleste ambroisie.
Messie harmonieux promis à mon amour,
Le bonheur par tes mains me compte chaque jour.
Je voudrais l'exprimer, je voudrais le répandre,
Peindre ce que j'éprouve à te voir, et t'entendre,
Expliquer de mon cœur les doux étonnements,
Cette ivresse des cieux, ces purs enchantements,

Dans mon sein sommeillait mon âme détendue :
Cette âme, à ton aspect, tressaillit éperdue;

Je m'éveille et j'existe... Oh! jamais dans l'Eden
L'homme, allumant sa vie au flambeau de l'hymen,
Ne sentit de plus douce et suave harmonie,
Quand l'amour s'éveilla dans son âme endormie.

Voyageur sans amour perdu sur le chemin,
Abandonné, sans guide, à mon triste destin,
Fatigué jeune encore, on eût dit qu'à mon âge
J'achevais du malheur le long pèlerinage :
D'un cœur né pour aimer le funeste présent

Ralentissait mes pas sous son fardeau pesant;
La tristesse étendait son voile sur ma route,
Et du ciel à mes yeux il dérobait la voûte;
La rive était sans fleurs ou les fleurs sans parfum;
Tout était pour ma vue un objet importun.

Cependant, au milieu de cette solitude,
J'éprouvais du désir l'ardente inquiétude,
D'un bonheur éloigné le doux pressentiment,
Ce vague avant-coureur du plus cher sentiment :
Telle, éveillée aux feux d'une naissante flamme,
Marbre encor, Galathée a deviné son âme...
Tu m'apparus : la vie en moi se révéla;
Je m'arrêtai, j'aimai; la douleur s'envola.

De tes traits adorés, la tendre mélodie
Dissipa de mon cœur l'amère maladie;
Et, sur ton frais chemin par mes vœux arrêté
Avec toi je commence un voyage enchanté!

Hier, l'astre des nuits, sur le fleuve rapide,
De ses feux argentés enflammait l'eau limpide :
Les flots en s'écoulant s'éteignaient dans leurs cours,

Sans cesse aux mêmes lieux l'astre brillait toujours...
Amour! telle est ma vie en son brûlant voyage :
Mes jours en s'écoulant me laissent ton image.

MARCELINE DESBORDES-VALMORE

Prière de femme

Mon saint amour! mon cher devoir!
Si Dieu m'accordait de te voir,
Ton logis fût-il pauvre et noir,
Trop tendre pour être peureuse,
Emportant ma chaîne amoureuse,
Sais-tu bien qui serait heureuse :
C'est moi. Pardonnant aux méchants,
Vois-tu, les mille oiseaux des champs
N'auraient mes ailes ni mes chants!

Pour te rapprendre le bonheur,
Sans guide, sans haine, sans peur,
J'irais m'abattre sur ton cœur,
Ou mourir de joie à ta porte :
Ah! si vers toi Dieu me remporte,
Vivre ou mourir pour toi, qu'importe?
Mais non; rendue à ton amour,
Vois-tu, je ne perdrais le jour
Qu'après l'étreinte du retour.

C'est un rêve : il en faut ainsi
Pour traverser un long souci ;
C'est mon cœur qui bat : le voici !
Il monte à toi comme une flamme.
Partage ce rêve, ô mon âme ;
C'est une prière de femme ;
C'est mon souffle en ce triste lieu ;
C'est le ciel depuis notre adieu ;
Prends ; car c'est ma croyance en Dieu !

Louise Labé et Olivier de Magny

> *Je vois la Saône et le Rhône s'éprendre*
> *Elle de lui comme eux deux séparés*
> *Il la regarde et le soleil descendre*
> *Elle a seize ans et n'a jamais pleuré*
> *(...)*

Aragon

Fille d'un riche cordier, Louise Labé naquit aux envi-rons de Lyon vers 1524. Elle devint, autour de 1540, l'épouse d'un cordier plus âgé qu'elle dont elle n'eut aucun enfant. Fille de cordier et épouse de cordier, c'est donc tout naturellement qu'on lui donna le surnom de « Belle Cor-dière ». Car Louise était belle, très belle. Belle de chair et belle d'esprit, soigneuse de son corps autant que de son âme, sensible aux hommages mais rebelle aux flatteurs. Et si elle fut toujours flanquée de cette cour bruyante d'esprits éclairés, que d'aucuns ne manquaient pas de baptiser sa « ménagerie », la « Belle Cordière », qui fut sans nul doute une belle mondaine, représenta pour tous ce qu'on appelle-rait aujourd'hui une femme libérée.

Ecuyère hors pair et luthiste experte, elle se rendit célèbre par sa voix mélodieuse et sa fantaisie subtile dans l'art de

manier la langue italienne. Pour son malheur, elle s'épren-
dra du poète Olivier de Magny, aussi volage dans ses
amours que léger dans sa façon d'écrire. Ami de Ronsard et
de Du Bellay, globe-trotter distingué, faisant escale à Lyon
sur le chemin de l'Italie, il n'eut point de mal à se faire
admettre dans la société des poètes lyonnais qui se réunis-
saient autour de la « Belle Cordière », et son style volubile
et spontané fut fort prisé dans les salons de poésie. Aussi, le
jeune séducteur à la plume ardente aura raison du cœur de
Louise en moins de temps qu'il n'en faut pour l'écrire. Ils
s'aimèrent avec violence et passion. Mais le bel Olivier ne
put résister longtemps à l'appel du voyage, et quitta celle
qu'il avait juré ne jamais quitter, la laissant seule dans
son lit, seule avec son mari, seule avec ses fantasmes. C'est
dans ce lit qu'il la perdra, dans ce lit, refuge de ses maux
d'âme, ce lit où Louise naît à la vie celle de son corps, ce lit
où elle ne peut pas sans mourir coucher avec la solitude.
J'aime l'expression de Pierre Lartigue qui, parlant du « lit
de Louise », écrit : « C'est un lit qu'elle a en tête, celui où
elle songe, se repaît de mensonge, celui où elle tient son
amant accolé pour une heureuse mort », ce lit où elle
réclame « le droit à la folie ».

Lorsque Olivier, revenant tel Covielle de ses « lointains
voyages », passe par Lyon, il s'indigne de ne trouver auprès
de Louise qu'un accueil amical, et vomira son ressentiment
dans une ode outrageante qu'il adressera à Sir Aymon, le
mari de Louise. Cette ode écrite sous le coup du dépit
amoureux fut à la hauteur du souvenir de leur charnellité
passée, violente, extrême, excessive. Il s'enfuit donc de Lyon
comme on s'enfuit de soi-même, et se perd de France en
France jusqu'à trouver enfin la mort en 1661. Louise le

rejoint quatre ans plus tard de l'autre côté des nuages,
s'envolant pour Cythère, dans ce lit, berceau de tous ses
rêves, devenu lentement son cercueil, ce lit où de mémoire
d'âme jamais colombe n'aima si fort un épervier que la
Belle Cordière aima son Olivier.

LOUISE LABÉ

Baise m'encore, rebaise moi et baise;
Donne m'en un de tes plus savoureux,
Donne m'en un de tes plus amoureux :
Je t'en rendrai quatre plus chauds que braise.
    Las, te plains tu? ça que ce mal j'apaise
En t'en donnant dix autres doucereux.
Ainsi mêlant nos baisers tant heureux
Jouissons[1] nous l'un de l'autre à notre aise.
    Lors double vie à chacun en suivra.
Chacun en soi et son ami vivra.
Permets m'Amour penser quelque folie :
    Toujours suis mal, vivant discrètement,
Et je ne puis donner contentement,
Si hors de moi ne fais quelque saillie.

---

1. Lire jou-is-sons.

Olivier de Magny

Bienheureux soit le jour, et le mois et l'année,
La saison et le temps, et l'heure, et le moment,
Le pays et l'endroit où bienheureusement
Ma franche liberté me fut emprisonnée.

Bienheureux l'astre au ciel d'où vient ma destinée,
Et bienheureux l'ennui que j'eus premièrement,
Bienheureux aussi l'arc, le trait et le tourment
Et la plaie[1] que j'ai dans le cœur assenée.

Bienheureux soient les cris que j'ai jetés au vent,
Le nom de ma maîtresse appelant si souvent,
Et bienheureux mes pleurs, mes soupirs et mon zèle,

Bienheureux le papier que j'emplis de son los[2],
Bienheureux mon esprit qui n'a point de repos
Et mon penser aussi qui n'est d'autre que d'elle.

---

1. Lire plai-e.
2. Louange ; honneur ; réputation ; agrément.

Louise Labé

Ô doux regards, ô yeux pleins de beauté,
Petits jardins pleins de fleurs amoureuses
Où sont d'Amour les flèches dangereuses,
Tant à vous voir mon œil s'est arrêté !
　Ô cœur felon, ô rude cruauté,
Tant tu me tiens de façons rigoureuses,
Tant j'ai coulé de larmes langoureuses,
Sentant l'ardeur de mon cœur tourmenté !
　Donques[1], mes yeux, tant de plaisir avez,
Tant de bons tours par ses yeux recevez :
Mais toi, mon cœur, plus les vois s'y complaire,
　Plus tu languis, plus en as de souci :
Or devinez si je suis aise aussi,
Sentant mon œil être à mon cœur contraire.

1. Alors ; ainsi ; aussi ; donc...

OLIVIER DE MAGNY

Quel feu divin s'allume en ma poitrine
Quelle fureur me vient ore[1] irriter?
Et mes esprits saintement agiter
Par les rayons d'une flamme divine?

   Ce petit Dieu de qui la force insigne
Sur les grands dieux se peut exerciter[2],
Viendrait-il bien dans mon âme exciter
Cette chaleur d'immortalité digne?

   C'est lui, c'est lui qui souffle cette ardeur,
Car jà déjà[3] je fleure sa grandeur.
Me bienheurant[4] d'une nouvelle vie.

   Sus donc, sus donc, profanes, hors d'ici,
Voici le dieu, je le sens, le voici,
Qui de fureur m'a jà[5] l'âme ravie.

1. Maintenant ; ici ; ici et maintenant...
2. Exercer ; exécuter ; peut agir sur...
3. Ja déjà = déjà.
4. Favoriser ; gratifier ; rendre heureux par.
5. Maintenant.

LOUISE LABÉ

On voit mourir toute chose animée,
Lors que du corps l'âme subtile part :
Je suis le corps, toi la meilleure part :
Où es-tu donc, ô âme bien aimée ?

Ne me laissez pour si longtemps pâmée :
Pour me sauver vous viendriez trop tard.
Las ! ne mets point ton corps en ce hasard :
Rends-lui sa part et moitié estimée.

Mais fais, Ami, que ne soit dangereuse
Cette rencontre et revue amoureuse,
L'accompagnant, non de sévérité,

Non de rigueur, mais de grâce amiable[1],
Qui doucement me rende ta beauté,
Jadis cruelle, à présent favorable.

1. Aimable.

Maurice Scève et Pernette du Guillet

> *Deux étions et n'avions qu'un cœur*
> *(...)*
> *Mais que te nuisait elle en vie,*
> *Mort?*
>
> François Villon

Elle, c'est Pernette. Elle naquit autour de 1520, dans la belle ville de Lyon. Dès sa naissance, on eût dit que toutes les fées de l'univers s'étaient penchées sur son berceau. Elles lui offrirent la beauté, la noblesse, la race, l'intelligence et le cœur, cette « distinction studieuse » qui donnait à la transparence de ses yeux d'aigue-marine, à la blondeur de ses cheveux, cette lumière qui rend insecte le regard des hommes. Elle parle italien, espagnol, entend le latin, le grec et les langues anciennes. Sa culture fascine. Sa voix enchante et son art de pincer les cordes du luth rivalise avec celui de la Belle Cordière. Spirituelle, drôle, et pourtant profondément grave, elle rêve d'un amour qui, parachevant l'œuvre du créateur, la guérirait de ses imperfections, l'élèverait en esprit tout en lui conservant son indépendance.

35

Lui, c'est Maurice Scève. Poète lyonnais, troublant et troublé, dont on aurait pu dire, pour reprendre les vers de l'épitaphe de Jean Richepin : « On ne sait pas comment cet homme prit naissance, et comment il mourut... ». Ce que l'on sait avec certitude, c'est que dans les années 1544 il parlait déjà de sa vieillesse. Son chef-d'œuvre est ce recueil de poèmes, tout entier dévoué à la femme idéale, et qu'il intitula « Délie (anagramme de « l'idée »), objet des plus hautes vertus ». Cette pièce de 4 490 vers, divisée en 449 dizains décasyllabiques, est, comme le canzonière de Pétrarque, un chapitre majeur du Grand Livre des amants éternels. Rien n'est laissé au hasard dans la recherche minutieuse que ce poète amoureux de l'amour consacre à l'expression de sa quête sentimentale. Coudoyant les plus grands savants, humanistes, alchimistes, kabballistes et poètes de son temps, c'est dans ce Lyon de la première moitié du XVIe siècle, devenu capitale des lettres, que Maurice Scève écrira cette œuvre maîtresse pour celle qui troubla son cœur plus que toute autre, « la gentille et spirituelle dame Pernette... ». Ils se rencontrent au printemps-été 1536, à l'heure où voit le jour le premier sonnet français. Maurice Scève a tout au plus la quarantaine ; elle, à peine seize ans. La famille de Pernette, inquiétée par son émancipation soudaine, dispose alors de sa liberté en la mariant de force à ce Monsieur du Guillet qui lui donna son nom. Scève en fut d'abord anéanti, mais il se consola lorsqu'il comprit qu'il n'y avait entre Pernette et son mari qu'une commune indifférence. Si Pernette avait coutume d'appeler Maurice son « jour », il était clair que son mari n'était pour elle que l'ennui.

PERNETTE DU GUILLET

Je suis la Journée,
        Vous, Ami, le Jour,
        Qui m'a détournée
        De fâcheux séjour.
        D'aimer la Nuit certes je ne veux point,
Pour ce qu'à vice elle vient toute à point :
        Mais à vous toute être
        Certes je veux bien,
        Pour ce qu'en votre être
        Ne gît que tout bien.
            Là où en ténèbres
        On ne peut rien voir
        Que choses funèbres,
        Qui font peur à voir,
        On peut de nuit encore se réjouir
De leurs amours faisant amants jouir :
        Mais la jouissance
        De folle pitié
        N'a point de puissance
        Sur notre amitié,
            Vu qu'elle est fondée
        En prospérité
        Sur Vertu sondée
        De toute équité.
            La nuit ne peut un meurtre déclarer,
Comme le jour, qui vient à éclairer

Ce que la nuit cache,
Faisant mille maux
Et ne veut qu'on sache
Ses tours fins, et cauts[1].
    La nuit la paresse
Nourrit, qui tant nuit :
Et le jour nous dresse
Au travail, qui duit[2].
Ô heureux jour, bien te doit estimer
Celle qu'ainsi as voulu allumer,
    Prenant toujours cure
    Réduire à clarté
    Ceux que nuit obscure
    Avait écarté !
    Ainsi éclairée
De si heureux jour,
Serai assurée
De plaisant séjour.

*Maurice et Pernette, alors, se cherchent dans le monde.
Ils se rencontrent à la campagne ou bien dans les soirées
lyonnaises. Candide et cependant coquette, elle attise en la
contenant la passion du poète, pensant, comme les dames
du temps jadis, qu'un désir inassouvi permet à l'âme de
s'élever en esprit.*

*Hélas, dans les premiers mois de 1545, elle tombe grave-
ment malade, et le dernier rayon de joie illuminant sa vie
fut encore allumé par son « Jour », qui fit paraître Délie*

1. Rusés.
2. Instruire ; élever.

avant qu'elle ne quitte ce monde. Elle s'en fut le 7 juillet,
emportant avec elle, dans ce voyage sans retour, ce passe-
port d'amour qui lui donnait l'éternité, car si la sève de
Scève coulait désormais dans les veines de son âme, elle
versait avec Délie, dans la mémoire du temps, le souvenir
d'un amour qui ne mourrait jamais. Pernette pouvait
s'éteindre, Délie à jamais brillerait dans la ténèbre, et
jusqu'au matin comme la planète Vénus. Maurice Scève fut
inconsolable et sa vie devint comme une mort vécue.
Témoin ces vers qu'il écrivit à la mémoire de sa Dame.

MAURICE SCÈVE

Épitaphe de la gentille et spirituelle Dame Pernette du Guillet

L'heureuse cendre autrefois composée
En un corps chaste, où Vertu reposa,
Est en ce lieu, par les Grâces posée
Parmi ses os, que beauté composa.
O terre indigne : en toi son repos a
Le riche étui de cette âme gentille
En tout savoir sur toute autre subtile,
Tant que les cieux, par leur trop grande envie,
Avant ses jours l'ont d'entre nous ravie
Pour s'enrichir d'un tel bien méconnu :
Au monde ingrat laissant bien courte vie,
Et longue mort à ceux qui l'ont connu.

Nul ne sait si Pernette et Maurice s'aimèrent autrement qu'en pensée. Mais à leur lien, qu'il fût ou non platonique, nous devons les vers sublimes qu'ils se sont échangés dans le secret de leur vibrance commune, et dont « l'obscure clarté » nous parle de ce partage immaculé qui s'appelle la tendresse. Ces vers sont parfois difficiles à comprendre, et l'on trouve plusieurs sens à chaque tournure, sans pour cela perdre le lien avec l'essence du poème. C'est ce qui fait leur beauté. Car lorsque l'analyse bute sur l'œuvre de l'art, la poésie prend son essor en nous donnant des ailes. Elle nous transporte de l'autre côté du mirage. Et lorsqu'il s'agit de l'amour, la confidence du mystère est la plus claire image de ce que nous ne savons pas. Je vous livre ces mots que j'aime et si, parfois, ils vous échappent, devenez leur mystère.

MAURICE SCÈVE

Le Corps travaille à forces énervées,
Se résolvant l'Esprit en autre vie.
Le Sens troublé voit choses controvées[1]
Par la mémoire en fantasmes ravie.
Et la Raison, étant d'eux asservie —
Non autrement de son propre délivre —

1. Trouvées, imaginaires (controver : avoir l'idée d'inventer).

Me détenant, sans mourir, et sans vivre,
En toi des quatre a mis leur guérison.
    Donc à tort ne t'ont voulu poursuivre[1]
Le Corps, l'Esprit, le Sens et la Raison.

PERNETTE DU GUILLET

L'âme et l'esprit sont pour le corps orner,
Quand le vouloir de l'Éternel nous donne
Sens, et savoir pour pouvoir discerner
Le bien du bien[2], que la raison ordonne :
    Par quoi, si Dieu de tels biens te guerdonne[3],
Il m'a donné raison, qui a pouvoir
De bien juger ton heur, et ton savoir.
    Ne trouve[4] donc chose si admirable,
Si à bon droit te désirent de voir
Le Corps, l'Esprit, et l'Ame raisonnable.

MAURICE SCÈVE

Cette beauté, qui embellit le Monde
    Quand naquit celle en qui mourant je vis,

1. Lire poursu-ivre.
2. Le souverain bien.
3. Récompense.
4. Impératif.

41

A imprimé en ma lumière ronde
Non seulement ses linéaments[1] vifs :
Mais tellement tient mes esprits ravis,
En admirant sa mirable[2] merveille,
Que, presque mort, sa Déité m'éveille,
En la clarté de mes désirs funèbres,
Où plus m'allume, et plus, dont m'émerveille,
Elle m'abîme en profondes ténèbres.

PERNETTE DU GUILLET

Sais-tu pourquoi de te voir j'eus envie ?
C'est pour aider à l'œuvre, qui cessa,
Quand s'assembla en me donnant la vie,
Les différents[3], en quoi Dieu me laissa.
    Car m'ébauchant Nature s'efforça
D'entendre et voir pour nouvelle ordonnance
Ton haut savoir, qui m'accroît l'espérance
Des Cieux promise, et sur quoi je me fonde,
Pour acquérir un jour la connaissance
De ton esprit, qui ébahit le Monde.

1. Ligne élémentaire qui caractérise une forme ; aspect général, grande ligne d'un objet, d'une figure, voire d'un être.
2. Qui vaut la peine d'être regardé ; sublime ; admirable ; merveilleux.
3. Gêne ; différence ; incomplétude...

XVe SIÈCLE

CHARLES D'ORLÉANS, BONNE D'ARMAGNAC
ET MARIE DE CLÈVES

> *Une nuit, j'ai rêvé que l'Amour
> était mort*
>
> Théodore de Banville

Le 26 mai 1391 naquit à Paris, de Louis d'Orléans et de Valentine de Milan, Charles Ier d'Orléans, prince et poète. Petit-fils de Charles V, le roi lettré, neveu de Charles VI, sa vie amoureuse commença dès l'enfance. A quatre ans, il devait être marié à Elisabeth de Görlitz, nièce de Wenceslas de Luxembourg, roi de Bohême et des Romains. Mais son père n'avait ni les moyens ni l'esprit de suite nécessaires à de si hauts projets. Il lui fit épouser, sept ans plus tard, en 1406, Isabelle de France, cousine germaine de Charles, fille d'Isabeau et de Charles VI, et veuve de Richard II, roi d'Angleterre. Le petit comte d'Angoulême n'était alors âgé que de onze ans et sept mois. Durant toute la durée du mariage, Isabelle ne cessa de pleurer d'avoir un si petit mari, tant elle regrettait son grand époux roi d'Angleterre.

43

Mais le petit mari grandit... Orphelin de son père, assassiné par Jean de Bourgogne en novembre 1407, et de sa mère, morte de chagrin l'année suivante, il se voit émanciper. Déclaré propre à gouverner ses terres et ses châteaux, il en fait autant de sa grande reine d'Angleterre de femme (elle avait familièrement le droit de porter son ancien titre). Très vite, Isabelle d'Orléans se trouve enceinte et meurt en accouchant au mois de septembre 1409. La mort de sa femme affecte profondément le jeune duc, mais sa petite fille, surnommée Jeannette de Château-Thierry, sait lui rendre la joie et l'envie de vivre. Et c'est le cœur rempli d'espoir qu'il signe, au mois d'avril 1410, le contrat qui devait l'unir à la jeune Bonne d'Armagnac. Il a seize ans, elle en a onze, et c'est seulement quatre ans plus tard qu'il leur sera permis de vivre ensemble. Désormais, fou d'amour pour cette fille-fleur qui lui tend ses quinze printemps, il cesse un temps de pourchasser les assassins de son père et se consacre corps et âme à celle qu'il immortalisera dans ses poèmes du nom secret de sa « beaulté ».

CHARLES D'ORLÉANS

Dieu! qu'il la fait bon regarder,
La gracieuse, bonne et belle!
Pour les grands biens qui sont en elle,
Chacun est fort de la louer.

Qui se pourrait d'elle lasser?

Toujours sa beauté renouvelle.
Dieu! qu'il la fait bon regarder
La gracieuse, bonne et belle!
(...)

Leur bonheur ne dura qu'un an. Le 25 octobre 1415, à la bataille d'Azincourt qui marqua l'écrasement de la noblesse française, il fut retrouvé « sous les morts que l'on déchaussait ». On l'emmena en Angleterre, où il demeura prisonnier pendant un quart de siècle. Séparée de lui, cherchant en vain le moyen de le rejoindre, Bonne d'Armagnac lui resta fidèle, l'entourant d'amour même du bout de la terre.

BONNE D'ARMAGNAC

P our vous montrer que point ne vous oublie,
Que je demeure vôtre où que je soie,
Présentement ma chanson vous envoie
Or la prenez en gré, je vous en prie !
(...)

N'ayant plus que les mots pour aimer son poète, elle devint poétesse à son tour, chacun voulant donner à l'autre la force qui lui manquait par la seule magie de la poésie.

CHARLES D'ORLÉANS

M a seule amour, ma joie et ma maîtresse,
Puisqu'il me faut loin de vous demeurer,

Je n'ai plus rien à me réconforter,
Qu'un souvenir pour garder allégresse.

En alléguant[1], par Espoir, ma détresse,
Me conviendra le temps ainsi passer.
Ma seule amour, ma joie et ma maîtresse,
Puisqu'il me faut loin de vous demeurer.

Car mon cœur las, bien garni de tristesse,
Ayant voulu avec vous s'en aller,
Je ne pourrai jamais le recouvrer,
Jusque verrai votre belle jeunesse.
Ma seule amour, ma joie et ma maîtresse.

BONNE D'ARMAGNAC

Mon seul ami, mon bien, ma joie,
Que plus que tous aimer je veux,
Je vous en prie soyez joyeux,
Espérant que vite vous voie.

Car je ne cherche qu'une voie
Aller vers vous, si m'aide Dieu.
Mon seul ami, mon bien, ma joie,
Que plus que tous aimer je veux.

Si par souhait[2] j'avais pouvoir

1. Notant ; notifiant ; écrivant ; envoyant...
2. Lire sou-hait.

46

D'être avec vous, un jour ou deux,
Il n'est rien d'autre sous les cieux,
Que je préférerais avoir.
Mon seul ami, mon bien, ma joie.

CHARLES D'ORLÉANS

Je ne vous puis, ni sais aimer,
Ma Dame, autant que je voudrais;
Car écrit m'avez pour m'oter
L'ennui qui trop fort m'assaillait :

« Mon seul ami, mon bien, ma joie,
Que plus que tous aimer je veux,
Je vous en prie soyez joyeux
Espérant que vite vous voie. »

Je sens ces mots mon cœur percer
Si doucement, que ne saurais
Le confort[1], au vrai, vous mander[2],
Que votre message m'envoie;
Car vous dites que cherchez voie
Pour venir vers moi, si Dieu veut,
Demander je ne voudrais mieux,
Espérant que vite vous voie.

1. Le réconfort.
2. Vous faire savoir ; vous faire connaître ; vous renvoyer...

Et quand il vous plaît souhaiter[1]
Près de moi, d'être où que je sois;
Par Dieu, nompareille sans per[2],
C'est trop fait, si dire l'osais;
Car c'est moi qui plus le devrais[3]
Souhaiter de cœur très soigneux,
C'est ce dont tant suis désireux,
Espérant que vite vous voie.

Mais elle mourut après 15 ans d'attente alors qu'elle était sur le point de le rejoindre, et les deux amants ne purent cueillir les fruits de leur amour.
Charles se retrouva seul avec son « livre de pensée » dont les feuilles, jour après jour, ne cessèrent de tomber, condamnant son cœur à l'automne.

CHARLES D'ORLÉANS

Dedans mon livre de pensée,
J'ai trouvé écrivant mon cœur,

1. Lire sou-hai-ter.
2. Egal.
3. Devrais, osais, etc... au même titre que voie, s'écrivaient devroye, osoye, voye, se prononçaient devrouai, osouai, vouai et donc rimaient ensemble.

La vraie histoire de douleur,
De larmes toute enluminée (...)

C'est « lourd de cœur et las d'esprit », perclus d'exil et de deuil, qu'il retrouve la France. Là, pour maintenir la lignée des Orléans, il prend à nouveau femme.

Il épouse la jeune Marie de Clèves, quatorze ans, fille d'Adolphe de Clèves, et de Marie, fille de Jean sans Peur. Marie de Clèves sera pour Charles d'Orléans une fée bienfaisante. Partageant sa passion de la poésie, elle l'aida de tout cœur à faire de sa cour de Blois un centre de formation poétique (cercle de Blois) dans lequel son époux instruisit nombre de jeunes talents venus de tous les horizons. Parmi eux, un certain François Villon. Elle s'investit de toutes ses forces dans cette aventure, jusqu'à devenir poétesse à l'occasion, comme en témoignent ces quelques vers où elle se peint mélancolique.

MARIE DE CLÈVES

L'habit le moine ne fait pas :
Car, quelque chère que je fasse,
Mon mal seul tous les autres passe
De ceux qui tant plaignent leur cas.
Souvent, en dansant, fais maints pas
Que mon cœur, pris en deuil, trépasse :

L'habit le moine ne fait pas...
Las ! mes yeux jettent sans compas
Des larmes tant parmi ma face,
Dont, plusieurs fois, je change place,
Allant à part pour crier : las !
L'habit le moine ne fait pas.

Mais entre elle et son doux ami, la tendresse finit par porter un fruit. Après seize ans de patience, un héritier naît de leur union. Comme sentant la mort prochaine, et pour que tout soit accompli, le vieux poète lui donne le nom de son père, Louis, et s'éteint le 4 janvier 1465, sans savoir que son fils et son neveu se succéderaient sur le trône de France, le premier sous le nom de Louis XII, le second sous le nom de François Ier. Mais pendant toutes ces années de gloire et de sagesse, Charles Ier duc d'Orléans, prince et poète, sans sa « beaulté » auprès de lui, sans cette dame « bonne et belle » qu'il perdit avec la joie de ses vingt ans, ne fut, comme il l'écrivit dans une de ses ballades, qu'un « homme égaré qui ne sait où il va »...

BONNE D'ARMAGNAC

Mon cœur toujours si vous tiens compagnie,
Dieu fasse que je vous voie vite en joie !
Pour vous montrer que point ne vous oublie !
Que je demeure votre où que je soie...

XIVe SIÈCLE

GUILLAUME DE MACHAULT
ET PÉRONE D'ARMANTIÈRE

Vers la fin du règne du Bon Roi Jean vivait, dans la province de Champagne et Brie, une demoiselle du nom de Pérone d'Unchair, fille de messire Gauthier d'Unchair, seigneur d'Armantière, et de Pérone de Jouveigne. La jeune Péronnelle passait tout le temps que lui laissaient ses devoirs religieux à lire des romans, des contes et légendes, à apprendre, à chanter, et même composer des vers. Elle était belle et pleine d'esprit. Son secrétaire, nommé Henry, était l'ami fidèle de messire Guillaume de Machault, chanoine de l'église de Reims, universellement célébré pour ses poèmes et son génie musical et depuis toujours l'auteur et le compositeur favori de l'adolescente. Romanesque. Elle était en fait tombée secrètement amoureuse du poète, comme Roxane des vers de Cyrano. Guillaume était vieux et ne voyait que d'un œil. Sujet à de fréquentes crises de goutte, il ne quittait guère sa maison de Reims. Pour entrer en contact avec lui, la Péronnelle eut l'idée de lui faire parvenir un pli contenant un poème de sa composition. Maître Henry accepta d'être son messager. Il se rendit à Reims et remit à Guillaume le rondelet que voici :

> Celle qui jamais ne vous vit
> Et vous aime loyalement,
> De tout son cœur vous fait présent ;
> Et dit que point elle ne vit
> Quand point ne peut vous voir souvent :
> Celle qui jamais ne vous vit
> Et vous aime loyalement...
> Car, par le bien de vous qu'on dit
> Par le monde communément,
> Conquise l'avez bonnement...
> Celle qui jamais ne vous vit
> Et vous aime loyalement,
> De tout son cœur vous fait présent.

Guillaume adora ce compliment. Troublé de ce que maître Henry lui conta de son charmant auteur, il répondit par un poème du même genre. Telle fut l'origine de leur correspondance. Chaque lettre augmenta l'intérêt du vieux poète pour sa jeune admiratrice. Elle lui demandait de corriger ses vers afin d'améliorer son style et lui ne manquait jamais de lui donner la primeur de ses nouveaux chants. Quelques années plus tard, elle garda secrète une visite qu'il osa lui faire, « non sans redouter l'effet qu'allait produire sur une fille de dix-huit ans le triple nombre de ses années, son mauvais œil et sa timidité naturelle ».

Mais cette entrevue ne fit qu'accroître la passion de la jeune fille et sa joie fut sans égale quand Guillaume se proposa d'écrire en vers le récit de leurs tendres relations. Dans cet ouvrage, auquel fut donné le titre de « Voir-Dit »,

Machault croyait avoir suffisamment déguisé le nom de celle qu'il y célébrait. Mais il allait par un habile stratagème donner au lecteur avisé le moyen de découvrir la clef du mystère.

> Or est raison que je vous die
> Le nom de ma dame jolie,
> Et le mien qui ai fait ce dit
> Que l'on appelle le *Voir-Dit*.
> Au savoir si voulez entendre,
> En la fin de ce livre, prendre
> Vous conviendra le vers neuvième
> Et puis huit lettres du huitième,
> Qui feront au commencement :
> Là verrez nos noms clairement.
> Voici comment je les enseigne,
> Car il me plaît que chacun tienne
> Que j'aime bien sans repentir
> Ma chère dame, et, sans mentir,
> Que je ne désire, par mon âme
> *Pour li changier nulle autre dame.*
> *Ma dame le* saura de vray.
> Autre dame jamais n'aurai,
> Je serai sien jusqu'à la fin,
> Et après ma mort, de cœur fin,
> La servirai en mon esprit.
> Dieu fasse je veux l'en prier,
> Pour li tant prier, qu'il appelle
> L'âme en gloire de TOUTE BELLE.

L'indication est claire. En détachant toutes les lettres du neuvième vers et les huit premières lettres du huitième en partant de la fin, on peut reconstituer la dédicace du poète à sa dame.

Pour ce faire, il faut composer d'abord le nom de Guillaume de Machault *; avec les 17 lettres restantes, vous pourrez former* Pérone d'Armanière. *Reste la lettre* A *qui, n'appartenant à aucun des deux noms, marque ici la dédicace :* Guillaume de Machault A Pérone d'Armanière.

Et le T *(me direz-vous) qui manque pour faire Arman-Tière ?*

Vous le trouverez à la fin du poème, en 16ᵉ place à partir de l'initiale du dernier vers.

Comptez : L *;* ' (a) *;* â *;* m *;* e *;* e *;* n *;* g *;* l *;* o *;* i *;* r *;* e *;* d *;* e *: la seizième lettre est le* T *de l'expression* Toute belle *isolée du reste du vers par des majuscules. En outre, on remarquera que ce* T *surplombe toutes les autres lettres du vers y compris les majuscules.*

Revenons à la décidace : si l'on prend comme point de départ l'homonyme de la lettre manquante soit le T *qui clôt le nom du poète :* Guillaume de MachaulT *; il suffit de compter les lettres qui le suivent dans l'ordre de la dédi-cace :* T *;* a *;* P *;* e *;* r *;* o *;* n *;* e *;* d *;* ' (e) *;* A *;* r *;* m *;* a *;* n *: pour noter que c'est en 16ᵉ place que manque le* T. *La relation ainsi établie, vous obtiendrez la dédicace complète*

Guillaume de MachaulT
A
Pérone d'ArmanTière.

PÉRONNELLE D'ARMANTIÈRE

Sans mon cœur, point vous ne vous en irez,
Mais vous aurez le cœur de votre amie,
Car il ira partout où vous serez;
Sans mon cœur, point vous ne vous en irez!
Certaine suis que bien le garderez,
De votre cœur me faisant compagnie;
Sans mon cœur, point vous ne vous en irez,
Mais vous aurez le cœur de votre amie.

GUILLAUME DE MACHAULT

Sans cœur, dolent, de vous départirai[1],
Et sans avoir de joies jusqu'au retour;
Puisque mon cœur du vôtre à partir ai[2],
Sans cœur, dolent, de vous départirai.
Mais je ne sais de quelle part irai[3],
Pource que, plains de dolour et de plour[4],
Sans cœur, dolent, de vous départirai,
Et sans avoir de joies jusqu'au retour.

1. Sans cœur, en souffrant, je m'éloignerai de vous.
2. Puisque j'ai mon cœur à séparer du vôtre.
3. Mais je ne sais de quel côté j'irai.
4. Tant seront forts plainte, douleur et pleur.

XIIe SIÈCLE

LE SIRE DE COUCY
et
LA CHÂTELAINE DE VERGY

> *Tecum uiuere amem,*
> *Tecum obeam lubens.*
>
> *Avec toi je voudrais vivre*
> *Avec toi je veux mourir.*
>
> <div align="right">Horace (<i>Odes</i>, 3.9.24)</div>

Le chevalier Raoul ou Renaud de Coucy, qui vint au monde vers le milieu du XIIe siècle, fut compagnon de Richard Cœur de Lion en Palestine et mortellement blessé au siège de Saint-Jean-d'Acre en 1191. Il avait dû, pour se croiser[1], quitter sa maîtresse adorée, la belle Gabrielle de Vergy. Nous ne savons d'elle que ce que nous avouent ses propres vers et ceux du chevalier, c'est-à-dire qu'elle était « gente, pieuse et passionnément éprise ». Les deux amants composèrent bien des poèmes galants, tendres, empreints d'une douce gaieté ou d'un désespoir violent après leur séparation.

1. Partir en croisade.

56

Mais hélas, ce n'est pas à leurs chansons que le chevalier de Coucy et la châtelaine de Vergy doivent leur renom, mais à l'effroyable histoire qui fit d'eux les héros d'innombrables contes et romances. Cette légende raconte, en effet, que le chevalier de Coucy, mortellement blessé par les sarrasins, chargea son écuyer de porter son cœur à sa maîtresse. Mais l'écuyer, surpris par le mari de la châtelaine, fut tué avant d'avoir pu accomplir sa mission, laissant la pauvre Gabrielle de Vergy en proie à l'horrible vengeance de son époux : celui-ci fit servir à table le cœur du poète et révéla ensuite à sa femme l'origine du mets dont elle s'était nourrie. Inconsolable, Gabrielle de Vergy se laissa mourir.

Tragique dénouement pour une si belle histoire d'amour. Mais ne sont-ils pas tous déchirés par le destin, les amants que la guerre sépare ?

Tous ceux qui se sont exprimés sur ce sujet traduisent avec la même force l'éternelle stupeur de l'humain devant l'absurdité du mal. Le chevalier et la châtelaine sont un exemple parmi tant d'autres. Que Dieu nous préserve à jamais de leur séparation !

LA CHÂTELAINE DE VERGY

Chanterai por mon corage

Chante pour garder courage,
Mon cœur ! te réconforter !

Toi qui même en grand dommage[1]
Ne meurs ni veux m'affoler
Quand de la terre sauvage
Je ne vois s'en retourner
Mon amour, et fais naufrage
Lorsque j'en entends parler...

Dieu ! quand ils crieront : « Chargez ! »
Secourez le pèlerin
Pour qui je vis effrayée !
Sauvez-le des sarrasins !

Je souffrirai mon dommage
Tant que verrai l'an passer
Si de ce « pèlerinage »
Dieu le laisse retourner.
Et malgré mon haut lignage
Nul parti ne veux trouver
Pour faire autre mariage ;
Fou qui voudrait m'en parler...

De cela je suis dolente[2]
Qu'il n'est plus en ce pays !
Son absence me tourmente ;
Je ne joue plus ni ne ris !
Dieu ! Il est beau ! je suis gente ;
Pourquoi nous traiter ainsi ?
Si profonde est notre entente ;
Que nous as-tu départis[3] ?

1. Souffrance ; douleur ; misère ; problème...
2. Je souffre du fait que ; je suis souffrante ; j'ai mal...
3. Pourquoi nous as-tu séparés ?

Seul adoucit mon attente
Le souvenir de nos nuits !
Quand la douce brise vente
Et me vient de ce pays
Qui le vole à notre entente,
J'imagine que c'est lui
Jusqu'à ce que je le sente
Par-dessous mon manteau gris...

Aujourd'hui je suis déçue
De n'avoir accompagné
Son départ ; mais revêtue
Du manteau qu'il m'a donné,
L'embrassant la nuit venue,
Quand l'amour vient m'embraser,
Je me couche toute nue
Sur lui comme un naufragé...

Dieu ! quand ils crieront : « Chargez ! »
Protégez-le de l'ennemi
Celui pour qui tout m'effraie !
Secourez mon tendre ami !

LE SIRE DE COUCY

Chanson de croisade
A vos, Amors, plus qu'à nul autre gent

A vous, Amour ! Plus qu'à nul autre gens
Il est normal que d'aimer je me plaigne !

Puisqu'il me faut souffrir d'éloignement,
Quitter la dame qui sur ma vie règne,
M'éloignant d'elle, si mon âme saigne,
C'est votre faute, Amour ! Assurément !
Et si l'on meurt d'avoir le cœur dolent[1],
Jamais par moi ne naîtront d'autres lais[2] !

Beau sire Dieu ! expliquez-moi comment
Me détacher de celle qui m'imprègne ?
Par Dieu ! ne peut-il en être autrement ?
Pourquoi faut-il que votre loi m'astreigne
A guerroyer loin d'elle, et que m'étreigne
Sans réconfort et sans ménagement,
Ce manque d'elle que j'ai chaque instant ;
Moi qui ne veux nul autre amour jamais ?

Comment, mon Dieu ! pourrais-je me passer
Du grand bonheur d'être en sa compagnie,
Et des bienfaits dont m'a toujours comblé
Celle qui fut ma compagne et ma mie[3] ?
Quand me revient sa simple courtoisie
Et les doux mots de son tendre parler,
Si dans mon corps mon cœur peut l'endurer
Sans s'arrêter, c'est qu'il est bien mauvais !

Dieu ne veut pas pour rien m'avoir donné
Tous les plaisirs que j'ai pris dans ma vie ;
Il me les fait bien chèrement payer,
Mais c'est trop cher ! et ce prix-là m'occit[4]...

1. Douloureux ; malheureux.
2. Ici dans le sens de poèmes, chants d'amour.
3. Mon amie.
4. Me tue.

Pitié, si Dieu fait telle vilenie,
Amour ! S'il veut ainsi nous séparer !
Car de mon cœur si nul ne peut l'ôter,
J'aime ma dame et pourtant je m'en vais...

Ils doivent être heureux les louangeurs[1]
Qui jalousaient tout le bien que j'avais ;
Mais pèlerin si bon que soit mon cœur,
Il le serait trop si je pardonnais.
Pour cela perdre profit je pourrais
De ma croisade ; mais si ces voleurs
Me dérobaient votre cœur par malheur,
Plus lourd fardeau jamais ne chargerais !

Dame ! je recommande au Créateur
Où que je sois votre corps ! et ne sais
Si de vous revenir j'aurais bonheur ;
Car il se peut que ce ne soit jamais...
Et je vous prie, où que traînent mes plaies,
Si je reviens ou même si je meurs,
A vos serments de toujours faire honneur !
Toujours fidèle ainsi vous resterais...

1. « Lausengiers » ; traîtres ; médisants flatteurs ; courtisans jaloux ; détracteurs ; diffamateurs.

XIIe SIÈCLE

TENSON DE RAIMBAUT D'ORANGE
et BÉATRIX DE DIE

Merci amour de la douce douleur.

Adam de la Halle

Raimbaut d'Orange ne brisa pas que des lances. Trouba-dour séducteur, il fut aussi briseur de cœurs. Bien qu'il mourût avant trente ans, on lui prête bien des conquêtes, certaines à tort, d'autres à raison. Parmi elles, deux trobaïritz (femmes troubadours) Azalaïs de Porcairagues et la célèbre Béatrix de Die, mariée à Guillaume IX d'Aqui-taine. De ces liaisons, nous savons peu de chose, si ce n'est ce que nous devinons ; par exemple, dans le canzo d'Aza-laïs, on reconnaît Raimbaut car il nous est présenté comme un seigneur jongleur d'Orange (joglar était le surnom de Raimbaut). La tenson[1] que j'ai choisie fut attribuée conjoin-tement à Raimbaut et à Béatrix, véritable scène de ménage,

1. La tenso ou tenson est un dialogue rimé, un débat poétique entre deux troubadours ou le troubadour et lui-même.

62

c'est le seul règlement de comptes entre deux troubadours amoureux dont nous ayons la trace aujourd'hui. Pas commode, la Béatrix! Mais Raimbaut est-il sincère?

A mics en gran cossirier

BÉATRIX

Dans une grande angoisse, ami ! vous m'avez mise !
Et plus j'ai du chagrin, moins dolent[1] vous semblez !
Éprise, de ce mal je ne suis point remise !
Comment seriez-vous donc de mon cœur amoureux
Si vous ne souffrez point de le voir malheureux ?
Si je prends tout le mal vous le bien seulement,
Nous ne partageons pas l'amour également.

RAIMBAUT

Lorsque l'amour enchaîne amantes et amants
(Et sur ce point croyez que vous me ressemblez),
Chacun vit comme il sent les durs et doux moments.
Cela dit sans vouloir sur vous surenchérir,
Je pense pour ma part avoir su vous chérir ;
Et j'ai sur ce sujet le cruel sentiment
D'avoir eu, vous aimant, ma charge de tourment.

1. Triste ; en état de souffrance, de douleur...

63

BÉATRIX

Ami, si vous sentiez le quart de ma douleur,
De ce mal qu'en mon cœur en vous aimant j'ai mis,
Lors vous comprendriez sa véritable ampleur !
Mais d'être ainsi touché par lui vous ne risquez !
Je ne peux m'en défaire et vous vous en moquez
Car vous n'en souffrez pas ! il est donc bien normal
Qu'il vous importe peu que j'aille bien ou mal.

RAIMBAUT

Ce sont les médisants qui prétendent cela !
Me prenant sens et souffle, angoisseux ennemis !
Si je renonce à vous, c'est du fait de ceux-là !
Car jouant le mortel jeu de leurs calomnies,
Murmurant même loin de vous leurs vilenies
Ils vous montrent du doigt pour briser notre amour
Et peut-être pouvoir s'en emparer un jour...

BÉATRIX

Ami ! malgré cela je ne puis vous absoudre !
En quoi ce mal vous empêche-t-il de me voir
Autant qu'il le faudrait pour pouvoir le résoudre ?
Plus que je ne le veux voulez-vous me défendre
Contre tous ces dangers ? vous sauriez mieux pourfendre
Les félons près de moi ! car je vous sais loyal,
Et plus que tous les chevaliers de l'Hospital !

RAIMBAUT

Je crains pour notre amour, mais crains pour moi surtout ;
Plus que vous il me faut les mauvais coups prévoir

Car si je vous perdais alors je perdrais tout !
Moi je perdrais de l'or ; vous perdriez du sable !
De nous deux, plus que vous je me sens responsable !
De nous, par saint Martial ! plus que vous me soucie
Car vous êtes le bien que le plus j'apprécie.

BÉATRIX

Ami ! ne mentez pas ! votre cœur est frivole !
Lors en fait de menées amoureuses j'ai peur
Que de joute d'amour en victoire il s'envole !
Il va de cœur en cœur comme votre pensée !
Chevalier de l'amour ! votre âme est dispersée !
Pour ce il est juste et bon qu'il vous soit reproché
Que plus j'ai du chagrin moins vous soyez touché.

RAIMBAUT

Dame ! d'autre que vous jamais je n'ai cherchée !
Jaloux et déloyaux me traitent de trompeur,
Mais jamais une autre âme en mon cœur fut couchée
Depuis que j'eus de vous plaisir et joie entière !
Qui me dépeint trompeur vous trompe en la matière...
Qu'à la chasse jamais faucon ne m'accompagne
Si vous n'êtes au monde ma seule compagne !

BÉATRIX

Vous parlez sans pouvoir ma tristesse chasser
Car à toute autre chose vous semblez penser !
On dirait que tout mon chagrin vous indiffère ;
Que de mes inquiétudes vous n'avez que faire !

RAIMBAUT

Que jamais épervier n'aille pour moi chasser
Si vous n'êtes ma seule dame de penser !

65

C'est pure jalousie si je suis diffamé ;
Ne voyez rien en moi que votre bien aimé !

BÉATRIX

Ami ! soyez loyal et je croirai en vous !

RAIMBAUT

Dame ! regardez-moi ! je ne pense qu'à vous !

Troubadours

Remembrance d'amour me fait chanter.

Guillaume le Vinier

Et nous voici au temps béni des troubadours : ces En Chanteurs dont le nom rime avec l'amour...

A leur début était le verbe aimer ; les troubadours aiment de lonh (de loin) le plus souvent, et leurs liaisons sont truffées d'embûches, car les obstacles augmentent l'allégresse ou la tristesse d'aimer, l'incertitude aussi... L'être cher va-t-il tomber entre les griffes des félons ? Ces lausengiers (médisants, traîtres de toutes sortes) qui, par méchanceté, jalousie pure ou pour mieux s'emparer d'un cœur, cherchent, par le mensonge, à brouiller les amants ? La calomnie et la distance éprouvent les sentiments, les rendent plus forts, plus intenses ; mais celui qui chante est aussi parfois celui que l'on trahit ; toujours fervent, son cœur demeure ouvert au repentir de l'infidèle. Même lorsqu'il est libertin, le troubadour est déférent, car le lot de son errance est d'avoir laissé quelque part, dans un cœur qui l'attend, une partie de lui-même qui ∈ à l'autre... On aime en secret celle ou celui qui l'ignore ou le désire. Il ne faut pas que les mots tombent entre des mains ennemies ; d'où le senhal (nom secret que l'on donne à l'être aimé pour qu'il soit nommé dans le chant sans pour cela risquer la médisance). Le chant qui magnifie le pretz (le prix, la valeur de l'amant) doit être aussi le messager de l'amour. L'être à qui le chant s'adresse est seul à pouvoir décrypter son message, puisqu'il est seul à l'avoir inspiré. Tel doit être le canso (chanson) : unique pour la dame unique, unique pour l'unique amant. A chaque poème la forme des coblas (strophes) change, car l'amour unique doit s'exprimer de façon originale. Le chemin vers l'autre est un parcours du cœur battant : celui qui donne un sens à l'errance du chevalier. Chaque belle est un graal et, pour les trobaïritz (femmes troubadours), être femme n'a de sens que si l'on est l'objet d'une quête.

L'hiver exprime la détresse, et le printemps le bonheur d'aimer ; l'automne, comme l'été, servent de nuances, et la nature, de miroir aux sentiments. Car les troubadours sont restés des oiseaux, comme un poète reste enfant. Les mots et les notes sont des êtres d'ailes ; ils doivent nous envoler. L'énigme est leur Olympe...

Les thèmes sont souvent les mêmes, mais les schèmes d'expression changent à l'infini car les troubadours, comme l'indique le nom trobador, sont avant tout des trouveurs. C'est en pratiquant l'art de trouver : d'inventer le langage de musique et de parole, qu'ils feront de la rime ou du mot clef[1] le ciment textuel entre le rythme et la note ; et de la note, le vent qui souffle sur les mots...

Aussi, lorsque l'amour de loin cède la place à l'amour de près dans le secret « d'une tour, d'un palais, d'une chambre » ou d'un buisson rendu ardent par les flammes de la passion, les mots ne sont plus de mise ; il faut les taire. Entre deux rencontres, ils ont tant nourri les lèvres des amants que les baisers deviennent des poèmes, et les caresses, la récompense d'un amour mérité.

Tout est amour dans l'art des troubadours, jusqu'à cette

1. Mot qui revient en fin de vers de stance en stance.

façon d'accorder la forme et le fond comme deux êtres qui s'unissent. Essence et structure s'accouplent dans une fusion vibrante où mètres et rimes s'entrechoquent, s'enlacent, se repoussent, s'étreignent, sans que le sens des images soit toujours apparent, comme si leurs auteurs projetaient dans leur verve, avec l'écho secret de leurs désirs, le reflet de leurs fantasmes.

Tel est le sens de ces architectures du rêve : rappeler à tous que l'amour, la poésie et le chant sont inséparables ; et tel est l'art du troubadour...

GUILLAUME IX D'AQUITAINE, COMTE DE POITIERS

VIDA[1]

« Le comte de Poitiers fut un des plus courtois, et bon chevalier d'arme et grand tricheur de dame, et des plus généreux en affaire d'amour qu'il y eut dans le monde. Il sut trouver si bien, chanter si finement, qu'il alla par le monde tromper bien des dames ; et voyagea longtemps... »

Ab la dolçor del temp novel

A la douceur du temps nouvel[2]
Les forêts feuillissent l'oisel[3] ;

1. (Vie) Biographie romancée en prose de quelques troubadours figurant sur les manuscrits médiévaux.
2. Nouveau.
3. Oiseau.

Chacun d'eux son latin choisit
Selon les vers du nouveau chant ;
Pour l'homme il est temps qui saisit
Ce que son désir va cherchant...

De là d'où tout m'est bon et bel[1]
Je ne vois messager ni scel[2] ;
Mon cœur lors ne dort ni ne rit
Et je n'ose un pas en avant
Dans l'amour en moi qui s'inscrit
De peur qu'il n'aille s'achevant.

La branche d'aubépine ainsi
Que va notre amour tremble aussi ;
Comme l'arbuste il va tremblant
La nuit dans la pluie et le gel ;
Puis le soleil va dégelant
Sa feuille verte et son ramel[3]...

Je me souviens du jour béni
Où d'être en guerre avons fini :
Ma belle m'a fait don si grand
De son amour, de son anel[4] !
Dieu ! sois de ma vie le garant
Tant que j'ai mains sous son mantel[5] !

---

1. Bel.
2. Sceau ; les messages et les lettres étaient marqués d'un sceau ; qui voyait le sceau voyait la lettre ; le sceau désigne ici la lettre d'amour que Guillaume attend en vain.
3. Rameau.
4. Anneau.
5. Manteau.

De ces ragots je n'ai souci
Qui me prendraient ma « Bon Vesi[1] » :
Cet être que j'aime et pourtant
Que je ne nomme comme tel ;
Si d'autres le font se vantant,
A nous la pièce et le coutel[2] !

1. « Bon Vesi » est le nom secret que Guillaume donne à sa dame. Littéralement on devrait traduire Bon Vesi par Bon Voisin.

2. La pièce et le couteau ; voire le pain et le couteau ; à vous de traduire cette expression ; j'y vois la marque du concret ; Guillaume et sa dame n'ont pas besoin d'étaler leur aventure au grand jour. Certains s'inventent des amours et s'en vantent ; eux le vivent dans le réel et cela leur suffit.

BÉATRIX DE DIE

VIDA

« La belle bonne Dame et comtesse de Die d'En Guillem de Poitiers fut la femme, et devint finement amoureuse d'En Raimbaut d'Orange, et de lui elle sut faire bien des chansons. »

Estat ai en gren cossirier

Grande tristesse j'ai connue
Pour l'amour d'un beau chevalier !
Je ne pourrai pas l'oublier ;
Que la chose soit reconnue !
Mais il prétend que point je ne lui donne
Cet amour-là qui nue comme vêtue
M'a fait vivre autant qu'il me tue ;
Et pour cela il m'abandonne...

Je voudrais bien dans mes bras nue
Tenir un soir mon chevalier
Faire à sa tête un oreiller
De ma hanche douce et menue !
Car plus que Flor à Blanchefleur se donne
Pour lui mon âme d'amour s'est vêtue ;
Dans mon cœur ma vie qui s'est tue
Pour lui donner tout m'abandonne...

S'il advenait la nuit venue
(Mon désir l'ayant fait plier)
Qu'il revienne pour m'éveiller
D'un baiser sur ma bouche nue,
Ivre d'amour s'il veut que je me donne
Et pour mari le prenne devêtue,
Qu'à m'obéir il s'évertue !
Et plus jamais ne m'abandonne !

RAIMBAUT D'ORANGE

VIDA

« *Raimbaut d'Orange fut seigneur d'Orange, et fut aussi seigneur de Courthézon, et d'un grand nombre aussi d'autres châteaux. Il fut adroit, savant et parlant bien, autant qu'il fut d'armes bon chevalier ; et en service d'amour honorable, de bien des dames comblées eut plaisir. Il fut amant d'une dame en Provence et qui longtemps le nomma son « joglar » en ses chansons. Il l'aima, elle lui, et longuement, fit bien des chansons d'elle et bien lui fit aussi d'autres façons. Puis il aima fort la dame d'Urgel qui du Marquis de Busca fut la fille, et fut comtesse lombarde honorée, très estimée sur toutes nobles dames. Et sans la voir, d'elle il fut amoureux pour le grand bien que d'elle il entendit, et pour le bien qu'elle entendit de lui elle l'aima de même sans le voir. Et très longtemps ils s'aimèrent ainsi chacun tournant vers l'autre ses pensées. Et jamais n'eurent bon heur de se voir. Et j'ai moi-même entendu, dit par elle quand elle fut nonne, que, s'il était venu vers elle, elle aurait consenti que du revers de la main il la touche et lui caresse alors la jambe nue. »*

77

Ar resplan la flors envèrsa

Quand resplendit la fleur inverse
Sur les rocs rugueux et les tertres,
— Est-ce une fleur ? non gel et givre
Eau qui brûle torture et gerce. —
Morts sont bruits sons et cris qui sifflent
Ramures et ronces me giflent ;
Mais je reste en joyeuses joies
Malgré les corbeaux rabat-joies.

Car en moi j'ai tout inversé
Et la plaine me semble tertre
Pour fleur je tiens gel neige et givre
Et le chaud par le froid gercé.
Le tonnerre en moi chante, siffle,
Et la feuille sa branche gifle.
Mais si fort m'enlace la joie
Que j'ignore le rabat-joie.

Car ceux dont l'âme m'est inverse
Et comme élevés sur les tertres
Sots qui me cuisent plus que givre
Et dont la parole me gerce
Ces serpents dont les langues sifflent
Nulles ramures ne les giflent
Ni menace. Ils ont tant de joies
A faire en tout les rabat-joies !

Mon baiser vous a renversé,

Dame ! par-delà plaine et tertre ;
Et sans pouvoir, pris par le givre,
Embrasser plus il s'est gercé !
Dame pour qui je chante et siffle !
De vos yeux la branche me gifle
Chaque fois que je dis ma joie ;
N'osant un désir rabat-joie...

Mais en cherchant la fleur inverse,
Allant par les vaux et les tertres,
Ainsi je vais pris par le givre
Et transi par le froid qui gerce.
Malgré les corbeaux qui me sifflent
Et les mots ronce qui me giflent,
Tel l'écolier je crie mes joies ;
Me moquant bien des rabat-joies.

Qu'ainsi mon vers soit inversé,
Que ne le tienne bois ni tertre
Là où nul ne ressent le givre,
Et n'est par aucun froid gercé !
Qu'il le chante clair et le siffle
Que ronce ma dame au cœur gifle
Celui qui chante dans la joie
Ce qui déplaît au rabat-joie !

Douce dame ! qu'amour et joies
Nous unissent malgré les traîtres !

Sans vous j'ai la mine d'un traître
Et mon cœur jongle en rabat-joie...

Azalais de Porcairagues

VIDA

« N'Azalais de Porcairagues naquit près de Montpellier. Dame noble et dame instruite, elle prit pour chevalier En Gui Guerrejat : le frère d'En Guillem de Montpellier. La dame savait trouver qui d'En Gui fort bien savait faire bien bonnes chansons ; puis elle aima fort celui dont le senthal est joglar[1] : le seigneur Raimbaut d'Orange ; et de lui fit ce canso : »

Ar em al freg temps vengut

La saison froide est revenue
Et ses boues de neige brûlées !

1. Dont le nom secret est jongleur.

Les voix d'oisillons devenues
Muettes, les nôtres gelées !
Les rameaux sèchent dans leurs haies
Sans feuilles sans fleurs et sans baies !
Je n'entends plus le bien aimé
Rossignol qui m'éveille en mai !

Mes pensées, tant je suis déçue
De tous, se sont comme exilées...
Plus vite se perd qu'est reçue
Chaque chose ! Comme écroulées
Avec moi sont paroles vraies,
Amour orange ! et tu m'effraies !
Ô stupeur d'être mal aimé !
Mon cœur a mal au mois de mai !

Elle agira bien follement
Celle qui traite l'âme sœur
Celle qui traite son amant
D'un rang plus haut que vavasseur[1] ;
Car ainsi qu'en Velay l'on dit :
L'intérêt l'amitié maudit ;
Je dis qu'elle n'a pas d'honneur
La dame qui vendra son cœur !

J'aime un cœur de grande valeur
Qui règne sur tous hautement
Car ni menteur ni beau parleur
Il s'est offert à moi vraiment ;
Et mon amour pour lui grandit ;
Maudit soit de lui qui médit !

1. Petit vassal ; moins que vassal.

Je ne m'en sens déshonorée
Et de lui reste énamourée[1].

Ami ne doutez sur ce point
Qu'à vous seul je me donne en gage !
Votre allure est courtoise et point
A m'outrager ne vous engage !
Quand viendra le temps des essais,
Même en votre pouvoir je sais
Que point vous n'en abuserez ;
Ni de moi faute exigerez...

A Dieu je recommande Orange !
Entre Gloriette et le Castel[2],
Beau regard, Seigneur de Provence,
Et chaque ami vrai resté tel,
Cet arc où sont peints les combats,
Car mon âme est tombée bien bas
Qui par le malheur asservie
Perd celui qui était sa vie...

TORNADA

Jongleur ! Toi qui dans mon cœur bats !
Porte vers Narbonne là-bas
Mon chant à celle dont la vie
Guide la jeunesse ravie...

1. Amoureuse.
2. Le château.

JAUFRÉ RUDEL

VIDA

« *Jaufré Rudel fut un homme très noble et bon trouveur, et fut prince de Blaye, et tomba fort amoureux sans la voir de la comtesse au loin de Tripoli pour le grand bien que d'elle il entendit des pèlerins qui revenaient d'Antioche ; et c'est pourquoi d'elle il dit en trouvant : "Ah que je voudrais être pèlerin — pour que ma canne et ma robe de bure — soient de ses yeux si beaux à la portée." Puis il fit d'elle beaucoup de chansons en humbles mots sur des mélodies belles. Et c'est par si grand désir de la voir qu'il se croisa[1] et se mit en la mer ; et de cela Jaufré Rudel écrit : "Tant est son prix et sa valeur est sûre — qu'au royaume là-bas des sarrazins — je voudrais être pour elle captif." Malade alors il fut sur le navire et conduit comme mort à Tripoli. On le laissa là dans une abbaye. Cela fut fait savoir à la comtesse qui vint à lui, à son lit et le prit entre ses bras ; et il sut qu'elle était celle qu'il aime, et retrouve aussitôt l'ouïe, l'odorat et l'éveil et loue Dieu qui lui avait donné assez de*

---

1. Qu'il partit en croisade.

83

*vie pour qu'il la voit ; et ainsi il mourut entre ses bras,
aussi "triste et joyeux" qu'en un canso jadis il l'annonça.
Puis elle fit ensevelir son corps en grand honneur par les
preux templiers en leur maison ; et puis le même jour elle se
fit nonne pour la douleur qu'elle eut en elle de la mort de
lui. »*

Lanqand li jorn son lonc en mai

Lorsque les jours sont longs en mai
J'aime entendre siffler au loin
L'oiseau qui chante, et je m'en vais
Pensant à mon amour de loin.
Courbé d'amour, je vais marchant,
Fuyant les fleurs, fuyant mon chant,
Pour geler mon cœur dans l'hiver...

Jamais d'amour je ne jouirai
Sinon de mon amour de loin !
Car au monde je n'en connais
Meilleure de près ou de loin !
Sûr de son prix je voudrais tant
Pour elle en pays maure étant
Captif, la mort même braver !

« Triste et joyeux » la quitterai
Si je vois mon amour de loin.

La verrai-je un jour je ne sais
Car mon pays d'elle est trop loin.
N'étant pas devin mais voyant
Tant de chemin je vais priant
Dieu de me la faire trouver...

Heureux là je demanderai
Par dieu à mon amour de loin
D'héberger enfin s'il lui plaît
Celui qui l'aime de si loin.
Près d'elle alors fidèlement,
Me parlant en fidèle amant,
Ses mots doux viendront me sauver.

Pour vrai seigneur je ne tiendrai
Que s'il me mène à elle au loin.
D'un bien double mal je ferais
Si toujours elle restait loin.
Que ne puis-je pèlerinant[1],
Devant son cœur me prosternant,
Vers ses deux beaux yeux m'élever !

Dieu qui cet amour a formé !
Toi qui fis cet amour de loin !
Toi qui fis tout ce qui vit ! Fais
Moi voir de près l'amour de loin
En un lieu propice et charmant
Où chambre et jardin soient vraiment
Ce palais dont j'aime à rêver !

1. Faire un pèlerinage.

Qui me dit avide dit vrai
De désirer l'amour de loin ;
Plus grande joie je ne saurais
Trouver que celle d'aimer loin.
Mais mon parrain m'interdisant,
Mon désir, j'aime et ce faisant,
D'être aimé je dois me priver.

TORNADA

Maudit parrain m'interdisant
Ce que je veux ! Tel me faisant,
Que d'amour je me dois priver !

Na Castelloza

VIDA

« Dame noble d'Auvergne, Na Castelloza fut de Turc de Meyronne la femme ; et d'Arman de Bréon qu'elle prit pour amant elle fit ses chansons, et fut dame très gaie, très instruite et très belle. »

Mout avetz faich long estatge

Vous avez fait bien long voyage
Depuis que vous êtes parti
De moi ! Ce m'est dur et sauvage
Car vous m'aviez juré promis
Que vous n'auriez dame que moi
Tous les jours de votre vie, et
Vous m'avez trahie et tuée

Car en vos serments j'avais foi !
Que pour vous cela compte ou pas,
J'ai cru moi en cet amour-là !

Beau cœur pur et plein de courage !
Vous aimant dès que je vous vis
Et plus en vos lointains rivages,
J'ai bien grande folie commis !
De vous mal pour bien je reçois
Pour n'avoir su vers vous ruser
Ni vous aimant me désister
De cet amour auquel je crois !
Car je sais que je n'aurai pas
De bonheur sans cet amour-là !

Ce sont de bien mauvais usages
Pour mes rivales que ceux-ci !
Vous leur envoyez des messages,
Des paroles triées choisies,
Et je ne suis garantie moi
Quand l'autre goûte à vos baisers,
Au plaisir de vous rencontrer,
Ami ! que de ma seule foi !
Plus noble est enrichie moi pas ;
Et je m'arrange de cela !

Malheur à moi si cœur volage
Ai jamais eu pour vous, et si
Aucun ami d'aucun parage
Par moi fut convoité ! pensi-
Ve et chagrine lors je reçois
Votre souvenir en pensées !
Bientôt morte me trouverez

Si je n'ai joie de vous je crois,
Car lorsqu'on ne lui ôte pas
Dame meurt du chagrin qu'elle a...

Tout ce mal et tout ce dommage
Qui venant de vous me marrit,
Ma famille m'en fait ombrage
Et pire que tout mon mari !
J'absous vos fautes contre moi.
Mais quand vous aurez écouté
Mon chant, de grâce revenez !
Vous trouverez de bonne foi
Si vous revenez sur vos pas,
Bon accueil quand vous serez là...

ARNAUT DANIEL

VIDA

« *Arnaut Daniel fut noble, et de cette région dont Arnaut de Mareuil fut comme lui natif. Il vit le jour, dans l'évêché de Périgord, en un château portant le nom de Ribérac. Il fut savant, se délecta en le trobar[1], puis les lettres laissa pour devenir joglar[2], et prit en rimes chères façon de trouver, si bien que ses chansons ne sont pas à entendre, non plus à apprendre ni chanter, légères. Il aima une grande dame de Gascogne qui femme était d'En Guillem de Buovilla. Mais il n'est pas certain que la dame lui fit plaisir en droit d'amour, et c'est pourquoi il dit et chante : "Suis Arnaut qui amasse le temps, Arnaut qui va chassant le lièvre avec le bœuf, je suis Arnaut qui nage contre le courant." »*

1. Art de trouver, de découvrir, d'inventer, d'imaginer le chant. C'est l'art du troubadour.
2. Jongleur.

Lo ferm voler

Ferme désir ! dans mon cœur entre !
Et dans mon cœur ne crains ni bec ni ongle !
Qui médira de toi perdra son âme !
Non pas à coups de branche ou bien de verge,
Mais je saurai prendre malgré ton oncle
Secrète joie en verger ou en chambre !

Songeant pourtant à cette chambre
Où pour mon mal jamais un homme n'entre,
Les membres durs plus que le frère ou l'oncle
Je me raidis ; et jusqu'au bout des ongles,
Plus que ne tremble enfant devant la verge
Je tremble, amour ! de t'avoir trop dans l'âme !

Il faut que de corps et non d'âme
Elle m'accueille en secret dans sa chambre !
Le cœur blessé mieux que par une verge,
Comme son serf, là où elle est je n'entre !
Mais je vivrai pour elle, chair et ongle,
N'écoutant ni ses amis ni son oncle !

Jamais pour la sœur de mon oncle
Je n'eus pareil amour au fond de l'âme !
Et si voisin que l'est le doigt de l'ongle,
Je voudrais être près d'elle en sa chambre !
Car à son gré l'amour en mon cœur entre
Et me plie comme homme fort une verge !

Car depuis que fleurit la verge,
Et que d'Adam naissent neveux et oncles,
Plus fine amour qu'en moi celle qui rentre
Ne fut jamais en corps ni même en âme !
Où qu'elle soit dehors ou dans sa chambre,
Mon cœur y tient comme à la chair tient l'ongle !

En s'incarnant, que devienne ongle
Mon cœur en elle comme écorce en verge !
Ma tour de joie ! mon palais et ma chambre !
Je n'aime tant frère parent ni oncle !
Et deux fois plus heureuse au ciel mon âme
Irait si homme aimant trop fort y rentre !

TORNADA

Arnaud envoie sa chanson d'ongle et d'oncle
A toi qui tiens son âme par la verge !
Car son « Désir » entre seul dans ta chambre...

Clara d'Anduse

Clara d'Anduse andusienne naquit
Sous le rocher du mont de Saint-Julien.
Sa grand beauté moult nobles cœurs conquit,
Mais ne trahit jamais son premier lien.

En greu esmai et en greu pessamen

Ont mis mon cœur en grand chagrin,
Grands troubles et grandes fureurs,
Médisants, félons et flaireurs,
Briseurs de jeunesse et d'entrain !
Car ils ont exilé de moi
Mon plus qu'amour ! et sans pouvoir,
Ni le contempler ni le voir
En deuil, j'enrage et meurs d'effroi !

Qui m'en blâme ne peut contrain-
Dre à ne plus l'adorer mon cœur ;

93

De mon désir toujours vainqueur
Augmente l'envie de l'étrein-
Dre ! en bien si parle un ennemi
De mon amour je l'aimerai ;
Mon ami je détesterai
S'il ne veux être son ami !

Bel ami ! pourtant n'ayez crain-
Te que mon cœur soit ce lâcheur
Qui change d'amour en tricheur.
En moi si forte est votre emprein-
Te ! et fous seraient qui m'aimeraient
Car mon cœur vous est réservé !
Et s'il pouvait m'être enlevé,
Jamais d'autres n'en jouiraient.

Ami, mes vers en vain voudraient
Rendre ce que mon cœur privé
De vous d'accomplir a rêvé !
Et croyant chanter pleureraient...

BERNART DE VENTADOUR

VIDA

« *Né au château de Ventadour, et limousin, fut En Bernart. Homme il fut de pauvre lignage et fils d'un serviteur fournier qui chauffait le four du château pour le pain cuire. Il devint beau, adroit et fin et chanta bien, et sut trouver et puis devint courtois, instruit ; et le vicomte son seigneur de Ventadour se plut de lui, de son trobar, de son chanter, de ses façons et grand honneur pour ce lui fit. Le vicomte de Ventadour avait une femme gentille, et jeune et gaie, et noble et belle. Et elle se plut d'En Bernart, de ses chansons, de son trobar et de lui devint amoureuse, et lui de la dame si bien qu'il fit ses chansons et ses vers du grand amour qu'il avait d'elle, et du très grand pretz[1] qu'elle avait. Et long temps dura leur amour avant que d'autres gens ou bien que le vicomte ne le sache. Et quand le vicomte l'apprit, il fit éloigner En Bernart, et garder enfermée sa femme. Et la dame alors dut donner congé d'amour à En Bernart pour qu'il parte du pays d'elle. Et lorsqu'En*

1. Prix.

Bernart s'en partit[1], son cœur alla vers la très jeune et duchesse de Normandie qui était de grande valeur, comprenait le prix et l'honneur, belles paroles de louanges et le reçut, l'accueillit bien. Et long temps il fut en sa cour, et long temps fut amoureux d'elle, et elle également de lui ; il fit beaucoup de chansons d'elle. Et le roi d'Angleterre Henri étant près d'elle, l'emmena de Normandie en Angleterre et la prit pour femme là-bas. En Bernart triste ainsi resta et douloureux de son côté. »

Le temps qui va, qui vient, qui vire
Par journées, par mois et par ans
Passe, et moi je ne sais que dire ;
Je suis le même tout le temps...
Car mon désir ne change pas,
Et mon cœur toujours en vain bat
Pour la même depuis longtemps !

Elle n'en perd pas le sourire
Plus que je n'en perds le tourment,
Et me fait à ce jeu souscrire
Où je suis deux fois le perdant ;
Car un amour ne dure pas
Lorsque seul un seul des cœurs bat ;
Avant l'entente des amants.

1. S'en sépara.

Je devrais fort être en colère
Contre mon cœur pour la raison
Que jamais fille née de mère
Ainsi ne m'a mis en prison.
Voyant qu'elle ne m'aime pas
Deux fois plus vite mon cœur bat ;
Le fou point les coups ne pressent...

Chanteur je ne serai plus guère
Car malgré le très grand renom
De mon école, l'indiffère
Notes et mots de mes chansons.
Car mes faits et dires n'ont pas
D'écho dedans son cœur qui bat,
Ni pour mon cœur ni pour mon chant.

Je suis heureux en apparence
Mais tristement au cœur touché.
A-t-on jamais vu pénitence
Être faite avant le péché ?
Plus je la prie plus elle est dure ;
Et plus de souffrances j'endure !
Je n'en souffrirai plus longtemps !

Pourtant c'est douce violence
Que d'accomplir sa volonté !
Son cœur à tort prend sa distance,
Mais un jour elle aura pitié.
L'Écriture n'est pas moins dure
Qui montre que mal qu'on endure
Grandit le bonheur des amants !

Jamais je ne la quitterai
Tant je que serai sauf et sain !
Comme tige balancerai
Bien après qu'ait germé le grain !
Et même si cet état dure,
Sans la blâmer si je l'endure,
C'est que son terme je pressens.

Votre cœur sera désiré
Autant que, sculpté dans l'airain,
Votre corps frais et coloré
Que Dieu façonna de sa main.
Depuis toujours mon désir dure,
Et sans le trahir je l'endure
A nulle autre n'ira mon chant...

TORNADA

Que docte et douce la nature
Qui vous fit belle créature
Me donne la joie que j'attends !

BIERIS DE ROMANS

Bieris de Romans est la seule femme troubadour qui nous ait laissé une chanson d'amour dédiée à une autre femme : Na Maria. Quand je lis ce poème, je me prends à rêver à quelque réponse de Na Maria, dont le thème aurait pu être : « La plus belle fois que je t'aime entendis, C'est toi, Dame Bieris ! un jour qui me le dis. »

Na Maria pretz e fina valors

Si fins mérites et fine qualité,
Dame Marie ! en vous font différence
Avec les autres : joie, esprit, beauté,
Et bienvenue, et prix, et déférence,
Et belle langue, et conduites joyeuses,
Et doux regards, et doux air amoureux,
M'ont fait vers vous lancer des pensées pieuses
Emplies pour vous de l'amour le plus preux !

Qu'amour plaisir et douce charité

99

De vous, Marie ! m'obtiennent délivrance !
Et ce bonheur que j'ai tant souhaité[1] !
Et cette joie dont j'ai tant l'espérance !
Car d'être à vous je suis si désireuse
Qu'en vous je mets un cœur toujours joyeux ;
Vibrant pour vous d'allégresse fiévreuse
Et soupirant du désir le plus pieux !

Beauté ! de toutes la plus valeureuse !
Je vous supplie pour garder le cœur preux
Pour ne pas rendre votre âme bourreuse
De n'aimer point d'indignes amoureux !

Beauté dont joie et prix font l'âme heureuse !
Que mon chant monte à votre parler pieux !
Vous avez tout pour me rendre amoureuse ;
Tout ce qu'il faut pour rendre un cœur joyeux...

1. Lire sou-hai-té.

ANONYME DU XIIIe SIÈCLE

*Cet anonyme du XIIIe siècle, véritable hymne à l'adultère,
est d'une espiègle gaieté qui fait du mâle lecteur un
complice malgré lui.*

L'adieu à l'amant

Sous l'aubépine aux portes de minuit,
Entre les bras de l'amour je lévite ;
Et je ne crains que la fin de la nuit...
Mon Dieu ! mon Dieu ! comme l'aube vient vite !

Plus tu me prends bel amant d'une nuit !
Plus tout mon être en vibrant t'y invite ;
Faisons l'amour jusqu'au bout de minuit !
Mon Dieu ! mon Dieu ! comme l'aube vient vite !

Ami guetteur ! au-delà de minuit,
Garde éloigné le jaloux qui gravite

Près de ma couche à la fin de la nuit !
Mon Dieu ! mon Dieu ! comme l'aube vient vite !

Ô fais, mon Dieu ! que dure cette nuit
Jusqu'à toujours ! que l'aurore m'évite !
Éteins le jour au-delà de minuit
Mon Dieu ! mon Dieu ! comme l'aube vient vite !

Et dans ce pré plein d'oiseaux de minuit,
Fais, bel amant ! qu'à jamais je lévite
Entre tes bras ! prolonge cette nuit !
Mon Dieu ! mon Dieu ! comme l'aube vient vite !

LA COUR D'AMOUR

En cœur, sans en montrer semblant,
Faire rondeaux aventureux,
Rire et pleurer, à tout par eux,
Puis entrer en fièvre tremblant.

Pierre de Hauteville
(Prince de la Cour d'Amour)

C'est le 14 février 1401, jour de la Saint-Valentin, que fut créée, par quelques seigneurs de la cour de Charles VI, assemblés en l'hôtel du duc de Bourgogne à Paris, cette institution restée célèbre sous le nom de Cour d'Amour.

A l'époque, la peste faisait rage, et c'est dans l'exaltation du sentiment amoureux que les seigneurs de ce temps voulaient ainsi chercher l'oubli.

Véritable parlement littéraire, fondé sur l'humanisme et la fidélité aux plus hauts sentiments, cette cour, instituée en l'honneur des dames, exigeait de ses représentants la maîtrise des arts poétiques et la finesse du discours dans le débat permanent sur l'amour. Elle se composait d'un chef : le prince de la cour d'amour ; de trois grands conservateurs ; de quatre sous-conservateurs ; de 24 chevaliers possédant rhétorique et poésie ; de ministres et officiers, d'un trésorier des chartes, d'un concierge, d'un huissier. On n'y devait rimer qu'à la louange des dames et l'on effaçait les armes et les noms de ceux qui les diffamaient. Le premier dimanche de chaque mois, les ministres de cette cour devaient présider « la fête du Puits d'amour ». Là, dans de véritables joutes courtoises, où les lances et les épées cédaient la place aux vers et aux rimes, les poètes s'affrontaient à coups de ballades et de rondeaux. L'auteur ayant écrit, au dire de tous, la plus belle pièce rimée, était sacré vainqueur de ce tournoi verbal, et recevait une couronne ou un chapeau de fleurs en guise de trophée.

En souvenir de ce temps où l'amour était roi, j'ai voulu former la cour de mon parlement d'amour idéal, en vous offrant un choix de chevalières et chevaliers de la plume.

Sa Majesté le Prince de la Cour d'Amour

CHARLES D'ORLÉANS

Que Charles d'Orléans soit né poète, qui songerait à s'en étonner ? Un cercle de lettrés s'était formé de bonne heure autour de son père, Louis d'Orléans. Protecteur, entre autres poètes, de Christine de Pisan, et conservateur de la célèbre cour amoureuse de Charles VI roi de France. Nous savons que Charles d'Orléans se prit à rimer dès sa plus tendre enfance, et c'est un prince encore enfant qui fut éveillé par Jeunesse, et introduit au Manoir d'Amour. « Là, tout craintif, la main sur un livre, il avait juré devant tous les amants de garder les commandements d'amours. Ce dont Bonnefoi, notaire, avait dressé acte, suivant les formes requises par la chancellerie, au nom du dieu Cupido et de Vénus la déesse, au jour de Saint-Valentin martyr, en la cité de Gracieux Désir. »

C'est parce qu'il est le seul poète de ma cour imaginaire qui ait un jour prêté serment à celle de Charles VI que j'ai choisi Charles d'Orléans pour régner sur mon Parlement d'Amour.

RONDEL

Ma Dame, tant qu'il vous plaira
De me faire mal endurer,
Mon cœur est prêt de le porter,
Jamais ne le refusera.

En espérant qu'il guérira,
En cet état veut demeurer,
Ma Dame, tant qu'il vous plaira
De me faire mal endurer.

Une fois pitié vous prendra,
Quand seulement voudrez penser
Que c'est pour loyaument aimer
Votre beauté qu'il servira,
Ma Dame, tant qu'il vous plaira.

Son Altesse la Princesse de la Cour d'Amour

BONNE D'ARMAGNAC

Dieu qu'il la fait bon retrouver
La gracieuse et belle Bonne !

Chançon

Pour le don que m'avez donné,
Dont très grant gré vous dois savoir,
J'ai connu votre bon vouloir,
Qui vous sera bien guerdonné[1].
Raison l'a ainsi ordonné,
Bienfait doit plaisir recevoir.
Pour le don que m'avez donné,
Dont très grand gré vous dois savoir.

1. Bien récompensé.

Mon cœur se tient emprisonné,
Et obligé, pour dire voir,
Jusqu'à tant qu'ait fait son devoir
Envers vous, et soit rançonné,
Pour le don que m'avez donné.

Son Excellence le Fou de la Cour d'Amour

ARTHUR RIMBAUD

*G*rr bra dzen irk mourks
Art ikratz erkna
Mourtzill aprina Krotza
Nirkalt oks nam
Innvra meltri
No sinn elliv elrahc
18ςþ0102 iprèr
WIXIT ol 198.11.01
Ber elli esram
Brigda Werbrin
Ita quio siné
Toth Jalpourn
Ruht radu AB MIR nan
Vakdor ruom à L

Sensation

P ar les soirs bleus d'été, j'irai dans les sentiers,
Picoté par les blés, fouler l'herbe menue :
Rêveur, j'en sentirai la fraîcheur à mes pieds.
Je laisserai le vent baigner ma tête nue.

Je ne parlerai pas, je ne penserai rien :
Mais l'amour infini me montera dans l'âme,
Et j'irai loin, bien loin, comme un bohémien,
Par la Nature, heureux comme avec une femme.

(Mars 1870)

Rêve pour l'hiver

à elle

L'hiver, nous irons dans un petit wagon rose
Avec des coussins bleus.
Nous serons bien. Un nid de baisers fous repose
Dans chaque coin moelleux.

Tu fermeras l'œil, pour ne point voir, par la glace,
Grimacer les ombres des soirs,
Ces monstruosités hargneuses, populace
De démons noirs et de loups noirs.

Puis tu te sentiras la joue égratignée...
Un petit baiser, comme une folle araignée,
Te courra par le cou...

Et tu me diras : « Cherche ! » en inclinant la tête,
— Et nous prendrons du temps à trouver cette bête
— Qui voyage beaucoup...

113

Sa Clairvoyance le Mage de la Cour d'Amour...

Mon premier servait à trancher les têtes avant la guillotine, et sert toujours à couper du bois pour la cheminée le soir à la campagne.

Mon second est le son du verbe avoir au participe passé.

Mon troisième est la lettre d'un point, propulse une lance ou de l'eau, ou désigne un oiseau à huppe au plumage bigarré.

Mon quatrième coule de source et de trois lettres n'en fait qu'une.

Mon tout a pour prénom Victor, est né en 1802 et mort en 1885. J'aimerais composer une anthologie de ses seuls poèmes. Vous avez trouvé, bien sûr...

Il fait froid

L'hiver blanchit le dur chemin.
Tes jours aux méchants sont en proie.
La bise mord ta douce main ;
La haine souffle sur ta joie.

La neige emplit le noir sillon.
La lumière est diminuée...
Ferme ta porte à l'aquilon!
Ferme ta vitre à la nuée!

Et puis laisse ton cœur ouvert!
Le cœur, c'est la sainte fenêtre.
Le soleil de brume est couvert;
Mais Dieu va rayonner peut-être!

Doute du bonheur, fruit mortel;
Doute de l'homme plein d'envie;
Doute du prêtre et de l'autel;
Mais crois à l'amour, ô ma vie!

Crois à l'amour, toujours entier,
Toujours brillant sous tous les voiles!
A l'amour, tison du foyer!
A l'amour, rayon des étoiles!

Aime, et ne désespère pas.
Dans ton âme, où parfois je passe,
Où mes vers chuchotent tout bas,
Laisse chaque chose à sa place.

La fidélité sans ennui,
La paix des vertus élevées,
Et l'indulgence pour autrui,
Éponge des fautes lavées.

Dans ta pensée où tout est beau,
Que rien ne tombe ou ne recule.
Fais de ton amour ton flambeau.
On s'éclaire de ce qui brûle.

A ces démons d'inimitié
Oppose ta douceur sereine,
Et reverse-leur en pitié
Tout ce qu'ils t'ont vomi de haine.

La haine, c'est l'hiver du cœur.
Plains-les! mais garde ton courage.
Garde ton sourire vainqueur;
Bel arc-en-ciel, sors de l'orage!

Garde ton amour éternel.
L'hiver, l'astre éteint-il sa flamme?
Dieu ne retire rien du ciel;
Ne retire rien de ton âme!

(Décembre 18..)

PAUL VERLAINE

Mesdames et Messieurs les Ministres
de la Cour d'Amour...

Alcoolique depuis l'âge de 18 ans, Paul Verlaine meurt en janvier 1896 d'une congestion qui ressemble fort à une cirrhose. Il est alors âgé de 52 ans, et vit dans un tel dénuement que sa propre mort fut, hélas, au-dessus de ses moyens. Pourtant, à son enterrement, écrivains, artistes, et admirateurs de toutes sortes viennent en foule. Qui donc accompagne-t-on ce jour-là au cimetière des Batignolles ? Celui qui tira sur Rimbaud dans un excès de colère, ce débauché qui brutalisait sa mère pour mieux cuver son absinthe, celui qui poussa sa femme Mathilde et son enfant Georges au désespoir, ou le chef malgré lui de l'école symboliste, découvreur des poètes maudits, Corbière, Rimbaud et Mallarmé ? Ceux qui pleuraient sur la dépouille de Verlaine pleuraient sur la poésie elle-même, celle qui fait fleurir l'amour sur le fumier du monde. Celui qui fut sacré, à la mort de Leconte de Lisle, « prince de poètes » fut toute sa vie, en tout et pour tout, le contraire de ses poèmes. Il fut le Mister Hyde et ses vers le Docteur Jekyll d'une vie tourmentée par le Dieu dévorant ses enfants. Ainsi Verlaine se dévora lui-même et se digéra lentement pour que poussent sur la dépouille de son âme les fleurs du bien qu'il n'a jamais cueillies. Vous qui passez devant le jardin de Verlaine, cueillez la fleur et faites-la germer !

Colloque sentimental

Dans le vieux parc solitaire et glacé,
Deux formes ont tout à l'heure passé.

Leurs yeux sont morts et leurs lèvres sont molles,
Et l'on entend à peine leurs paroles.

Dans le vieux parc solitaire et glacé,
Deux spectres ont évoqué le passé.

— Te souvient-il de notre extase ancienne?
— Pourquoi voulez-vous donc qu'il m'en souvienne?

— Ton cœur bat-il toujours à mon seul nom?
Toujours vois-tu mon âme en rêve? — Non.

— Ah! les beaux jours de bonheur indicible
Où nous joignions nos bouches! — C'est possible.

— Qu'il était bleu, le ciel, et grand, l'espoir!
— L'espoir a fui, vaincu, vers le ciel noir.

Tels ils marchaient dans les avoines folles,
Et la nuit seule entendit leurs paroles.

Nevermore

Souvenir, souvenir, que me veux-tu ? L'automne
Faisait voler la grive à travers l'air atone,
Et le soleil dardait un rayon monotone
Sur le bois jaunissant où la bise détone.

Nous étions seul à seule et marchions en rêvant,
Elle et moi, les cheveux et la pensée au vent.
Soudain, tournant vers moi son regard émouvant :
« Quel fut ton plus beau jour ? » fit sa voix d'or vivant,

Sa voix douce et sonore, au frais timbre angélique.
Un sourire discret lui donna la réplique,
Et je baisai sa main blanche, dévotement.

— Ah ! les premières fleurs, qu'elles sont parfumées !
Et qu'il bruit avec un murmure charmant
Le premier oui qui sort de lèvres bien-aimées !

Ariettes oubliées (III)

Il pleut doucement sur la ville.

Arthur Rimbaud

Il pleure dans mon cœur
Comme il pleut sur la ville.
Quelle est cette langueur
Qui pénètre mon cœur?

Ô bruit doux de la pluie
Par terre et sur les toits!
Pour un cœur qui s'ennuie,
Ô le chant de la pluie!

Il pleure sans raison
Dans ce cœur qui s'écœure.
Quoi! nulle trahison?...
Ce deuil est sans raison.

C'est bien la pire peine
De ne savoir pourquoi,
Sans amour et sans haine,
Mon cœur a tant de peine.

Green

Voici des fruits, des fleurs, des feuilles et des
[branches,
Et puis voici mon cœur, qui ne bat que pour vous.
Ne le déchirez pas avec vos deux mains blanches
Et qu'à vos yeux si beaux l'humble présent soit doux.

J'arrive tout couvert encore de rosée
Que le vent du matin vient glacer à mon front.
Souffrez que ma fatigue, à vos pieds reposée,
Rêve des chers instants qui la délasseront.

Sur votre jeune sein laissez rouler ma tête
Toute sonore encor de vos derniers baisers;
Laissez-la s'apaiser de la bonne tempête,
Et que je dorme un peu puisque vous reposez.

Mon rêve familier

Je fais souvent ce rêve étrange et pénétrant
D'une femme inconnue, et que j'aime, et qui m'aime,
Et qui n'est, chaque fois, ni tout à fait la même
Ni tout à fait une autre, et m'aime et me comprend.

Car elle me comprend, et mon cœur, transparent
Pour elle seule, hélas! cesse d'être un problème
Pour elle seule, et les moiteurs de mon front blême,
Elle seule les sait rafraîchir, en pleurant.

Est-elle brune, blonde ou rousse? — Je l'ignore.
Son nom? Je me souviens qu'il est doux et sonore
Comme ceux des aimés que la Vie exila.

Son regard est pareil au regard des statues,
Et, pour sa voix, lointaine, et calme, et grave, elle a
L'inflexion des voix chères qui se sont tues.

Chanson d'automne

Les sanglots longs
Des violons
    De l'automne
Blessent mon cœur
D'une langueur
    Monotone.

Tout suffocant
Et blême, quand
    Sonne l'heure,
Je me souviens
Des jours anciens
    Et je pleure ;

Et je m'en vais
Au vent mauvais
    Qui m'emporte
Deçà, Delà,
Pareil à la
    Feuille morte.

Pernette du Guillet

Qui dira ma robe fourrée
De la belle pluie[1] dorée
Qui Daphnée[2] enclose ébranla
Je ne sais rien moins que cela.

Pernette du Guillet

En m'endormant sur ces vers de Pernette, je fis mon premier rêve érotique. J'étais encore un enfant, et ce n'est que bien plus tard que je rencontrai son amant de jadis, le poète Maurice Scève. L'émotion que me procurèrent ses poèmes fut si forte que je décidai de lui rendre par la plume le bénéfice de cette nuit passée en songe avec sa Délie. J'avais treize ans...

1. Lire plui-e.
2. Pernette met Daphnée pour Danaé, afin de conserver au vers les huit pieds de l'octosyllabe. Jupiter, fou d'amour pour Danaé, se changea en pluie d'or pour l'honorer de ses faveurs. De cette union naquit Persée.

Un rêve de Scève

*L*orsque je vois la splendeur azurine
  A la blondeur du soleil se mêler,
  T'imaginant, Délie! je vois briller
  Tes cheveux d'or; tes yeux d'aigue-marine...
Mais quand au soir la vague purpurine
    Qui fait la nuit revient m'ensommeiller
    Pris de néant, j'aime à sentir couler
    Le même sang dans mon âme chagrine...
Car cette mort en songe prend tes traits!
    Tu viens à moi, divine pèlerine!
    Auréolée d'amour, tu m'apparais
Et me chantant les mots de ta poitrine
    Tu danses nue dans cette eau de l'après
    Avec Vénus comme une ballerine...
Et je m'envulve en ta sainte folie;
    Je vois la vie avec les yeux du rêve!
    Et tu rejoins mon désir sur la grève!
    Et ton amour en vagues nous relie!
Au bout de moi ta rime est si jolie!
    Mon corps se change en luth sous tes doigts grêles!
    Tu joues de moi rendant ailes pour ailes
    A mes baisers que ta langue délie...
Je suis le jour avant qu'il ne se lève
    Et de rester coucher je me supplie!
    Mais le soleil à ce rêve m'enlève,
Et je m'éveille sans toi, ma Délie!

Je suis Maurice et je n'ai plus de sève;
Il pleut des vers sur ma mélancolie...

Pernette du Guillet

Pour contenter celui qui me tourmente,
Chercher ne veux remède à mon tourment :
Car en mon mal voyant qu'il se contente,
Contente suis de son contentement.

Chanson

Quand vous voyez que l'étincelle
Du chaste Amour sous mon aisselle
Vient tous les jours à s'allumer,
Ne me devez-vous bien aimer?
    Quand vous me voyez toujours celle,
Qui pour vous souffre, et son mal cele[1],
Me laissant par lui consumer,
Ne me devez-vous bien aimer?

1. Cache.

Quand vous voyez que pour moins belle
Je ne prends contre vous querelle,
Mais pour mien vous veux réclamer,
Ne me devez-vous bien aimer?

Quand pour quelque autre amour nouvelle
Jamais ne vous serai cruelle,
Sans aucune plainte former,
Ne me devrez-vous bien aimer?

Quand vous verrez que sans cautelle[1]
Toujours vous serez esté[2] telle
Que le temps pourra affermer[3],
Ne me devrez-vous bien aimer ?

1. Ruse, traîtrise, fausseté.
2. Restée.
3. Affermir, rendre plus fort, affirmer, confirmer.

Alfred de Musset

(Louis Charles) Alfred de Musset, né à Paris le 11 décembre 1810, mort à Paris le 2 mai 1857.
Que dire de lui sinon ses poèmes... d'amour...

Sonnet

Se voir le plus possible et s'aimer seulement,
Sans ruse et sans détours, sans honte ni mensonge,
Sans qu'un désir nous trompe, ou qu'un remords nous
[ronge,
Vivre à deux et donner son cœur à tout moment;

Respecter sa pensée aussi loin qu'on y plonge,
Faire de son amour un jour au lieu d'un songe,
Et dans cette clarté respirer librement —
Ainsi respirait Laure et chantait son amant.

Vous dont chaque pas touche à la grâce suprême,

C'est vous, la tête en fleurs, qu'on croirait sans souci,
C'est vous qui me disiez qu'il faut aimer ainsi.

Et c'est moi, vieil enfant du doute et du blasphème,
Qui vous écoute, et pense, et vous réponds ceci :
Oui, l'on vit autrement, mais c'est ainsi qu'on aime.

Sonnet

Non, quand bien même une amère souffrance
Dans ce cœur mort pourrait se ranimer ;
Non, quand bien même une fleur d'espérance
Sur mon chemin pourrait encor germer ;

Quand la pudeur, la grâce et l'innocence
Viendraient en toi me plaindre et me charmer,
Non, chère enfant, si belle d'ignorance,
Je ne saurais, je n'oserais t'aimer.

Un jour pourtant il faudra qu'il te vienne,
L'instant suprême où l'univers n'est rien.
De mon respect alors qu'il te souvienne !

Tu trouveras, dans la joie ou la peine,
Ma triste main pour soutenir la tienne,
Mon triste cœur pour écouter le tien.

(1839)

Je suis amoureux en deux lieux
De l'un, j'en suis désespéré
De l'autre j'en espère mieux.

Ronsard

Chanson

J'ai dit à mon cœur, à mon faible cœur :
N'est-ce point assez d'aimer sa maîtresse?
Et ne vois-tu pas que changer sans cesse,
C'est perdre en désirs le temps du bonheur?

Il m'a répondu : Ce n'est point assez,
Ce n'est point assez d'aimer sa maîtresse;
Et ne vois-tu pas que changer sans cesse
Nous rend doux et chers les plaisirs passés?

J'ai dit à mon cœur, à mon faible cœur :
N'est-ce point assez de tant de tristesse?
Et ne vois-tu pas que changer sans cesse,
C'est à chaque pas trouver la douleur?

Il m'a répondu : Ce n'est point assez,
Ce n'est point assez de tant de tristesse;
Et ne vois-tu pas que changer sans cesse
Nous rend doux et chers les chagrins passés?

Hélas! l'amour sans lendemain ni veille
Fut-il jamais?

Alfred de Musset

ANTOINETTE DES HOULIÈRES

Antoinette du Ligier de la Garde naquit à Paris autour de 1633, de Melchior du Ligier, seigneur de la Garde, chevalier de l'ordre du roi, et de Claude Gaultier.

Elle épousa Monsieur des Houlières, « habile ingénieur et brillant militaire », qui mourut à Paris le 3 janvier 1693 dans sa 72ᵉ année. Inconsolable, après 42 ans d'union, elle se laissa mourir de chagrin. Son agonie d'amour pris fin le 17 février de l'année suivante.

Elle avait l'esprit délicat, une mémoire prodigieuse et un goût très sûr en toutes choses. Ses ouvrages furent cités comme un modèle de poésie « naturelle et tendre ». « On y admire », dit l'auteur du Parnasse français, « la beauté du sens, des grâces de l'expression, l'harmonie et la disposition des rimes ». Muse parmi les poètes du siècle de Louis XIV, elle fut surnommée la Calliope française.

Épître de Tata, chat de Mme la marquise de Montglas, à Grisette, chatte de Mme des Houlières

J'ai reçu votre compliment,
Vous vous exprimez noblement;
Et je vois bien dans vos manières
Que vous méprisez les gouttières.
Que je vous trouve d'agrément!
Jamais chatte ne fut si belle;
Jamais chatte ne me plut tant,
Pas même la chatte fidèle
Que j'aimais uniquement.
Quand vous m'offrez votre tendresse,
Me parlez-vous de bonne foi?
Se peut-il que l'on s'intéresse
Pour un malheureux comme moi?
Hélas! que n'êtes-vous sincère!
Que vous me verriez amoureux!
Mais je me forme une chimère :
Puis-je être aimé? puis-je être heureux?
Vous dirai-je ma peine extrême?
Je suis réduit à l'amitié,
Depuis qu'un jaloux sans pitié
M'a surpris aimant ce qu'il aime.
Épargnez-moi le récit douloureux
De ma honte et de sa vengeance.
Plaignez mon destin rigoureux :

Plaindre les maux d'un malheureux,
Les soulage plus qu'on ne pense.
Ainsi je n'ai plus de plaisirs.
Indigne d'être à vous, belle et tendre Grisette,
Je sens plus que jamais la perte que j'ai faite
En perdant mes désirs ;
Perte d'autant plus déplorable,
Qu'elle est irréparable.

(Octobre 1678)

Réponse de Grisette

Comment osez-vous me conter
Les pertes que vous avez faites ?
En amour c'est mal débuter ;
Et je ne sais que moi qui voulût écouter
Un pareil conteur de fleurettes.
Ha ! fi (diraient nonchalamment
Un tas de chattes précieuses),
Fi, mes chères, d'un tel amant.
Car, si j'ose, Tata, vous parlez librement,
Chattes aux airs penchés sont les plus amoureuses.
Malheur chez elles aux matous
Aussi disgraciés que vous.
Pour moi qu'un heureux sort fit naître tendre et sage,
Je vous quitte aisément des solides plaisirs ;

133

Faisons de notre amour un plus galant usage :
Il est un charmant badinage
Qui ne tarit jamais la source des désirs.
Je renonce pour vous à toutes les gouttières,
Où (soit dit en passant) je n'ai jamais été.
Je suis de ces minettes fières
Qui donnent aux grands airs, aux galantes manières.
Hélas ! ce fut par là que mon cœur fut tenté,
Quand j'appris ce qu'avait conté
De vos appas, de votre adresse,
Votre incomparable maîtresse.
Depuis ce dangereux moment,
Pleine de vous autant qu'on le peut être,
Je fis dessein de vous faire connaître,
Par un doucereux compliment,
L'amour que dans mon cœur ce récit a fait naître.
Vous m'avez confirmé par d'agréables vers,
Tout ce qu'on m'avait dit de vos talents divers.
Malgré votre juste tristesse,
On y voit, chez Tata, briller un air galant.
Les miens répondront mal à leur délicatesse :
Écrire bien n'est pas notre talent.
Il est rare, dit-on parmi les hommes même.
Mais de quoi vais-je m'alarmer ?
Vous y verrez que je vous aime :
C'est assez pour qui sait aimer.

Charles (Pierre) Baudelaire

*(1828) Il y a cet aspic d'Aupick celui que maman nomme
Jacques et qui m'appelle toujours Pierre et dort dans le lit
de mon père, mon père qui n'est plus là, le futur général
troulala que je hais comme on meurt que je hais parce que
j'ai sept ans et qu'il m'a pris ma mère et m'a mis en
pension dans ce Lyon que je hais (1836) dans ce lycée aussi
que je hais ce lycée Louis-le-Grand dont je vais m'évader
me faire renvoyer (1839) pour m'envoyer en l'air sur une
autre planète et je serai poète en voiture direction la
bohème et puis ce porc d'Aupick le général Beau père qui
m'embarque de force et qui me traîne au port mais moi je
ne veux pas général faux papa je ne m'en irai pas où je ne
veux pas être je m'entête et je m'arrête là et pas à Calcutta
juste une halte là sur cette île Bourbon pour échanger des
mots d'espace avec mon pote le soleil et puis je suis majeur
à nous trois maintenant chacun son héritage à moi ma part
et vite et je vais tout claquer je claque tout je pique mon fric
au très épique Aupick et je hais sur ma mère comme on
vomit quelqu'un qui me trompe avec l'ordre établi qui me
donne des ordres et je fais du désordre avec toute sa vie sa
vie j'en fais du rien la mienne des poèmes et je serai mon cri
cap sur la poésie départ pour la bohème cette fille que*

j'aime venue de mes ténèbres son corps qui me torpille et qui me prend l'amour et je craque le fric et je croque la fille et la pomme et le serpent avec et l'arbre et tout ce qui m'enfuit séducteur et Dandy je vais au Paradis je vais dans la fumée comme un Anglais au club je vais dans les alcools pour mieux me conserver je vais m'illuminer de toutes les toxines qui m'extrallucinent pour mieux baiser la mort ma déesse et dormeuse du Val ressuscitant à Pâques à la gueule d'Aupick il me prend tout je n'ai plus rien pour vivre Il me coupe les vivres et ma mère avec lui (1844) alors j'écris pour vivre et je deviens critique j'écris pour faire du fric mais qu'importe j'écris je baise avec les anges en rêve ou pour de vrai je fréquente l'éther pour mieux le défoncer Marie Marie Mystique ô mon embrun d'Aubrun Madone Sabatier ma muse et ma gardienne il y a le dégoût le dégoût ce dégoût qui me plaît qui s'appelle la vie ma peur d'être cadavre ou de vieillir un jour ou de ne plus écrire de n'être plus bohème et puis en 48 il y a les barricades et l'odeur de la poudre entre deux taffes d'opium entre deux coups de feu la liberté qui rôde comme une femme ouverte du sexe à la bouche il y a ces relents de charogne en mon âme et je ronge mes vers pour mieux baiser le temps il n'y a plus de fric plus rien que des vivants qui grouillent autour de moi dans ma chair un dragon qui dévore mes restes je me nécrose vif pour mieux mourir ma mort (1867) et je rejoins Nerval au pays de Cimmère et je quitte ma mère et son général Couik mon corps ne bouge plus je pense encore un peu mon sang devient sa glace et ma chair de la pierre ne m'appelez plus Pierre Saint Général Aupick je voudrais s'il vous plaît les clefs du Paradis du Paradis sur terre du vrai de l'autre embaumé par l'enfer cette bohème heureuse où l'Eden est le

vent ce jardin de nuages où l'amour est un spleen ce jardin
plein de peine et de panne et d'épine ce jardin sépulcral
couvert de bas astral où chaque fleur qui pousse est une
fleur du mal.

L'invitation au voyage

Mon enfant, ma sœur,
Songe à la douceur
D'aller là-bas vivre ensemble!
Aimer à loisir,
Aimer et mourir
Au pays qui te ressemble!
Les soleils mouillés
De ces ciels brouillés
Pour mon esprit ont les charmes
Si mystérieux
De tes traîtres yeux,
Brillant à travers leurs larmes.

Là, tout n'est qu'ordre et beauté,
Luxe, calme et volupté.

Des meubles luisants,
Polis par les ans,
Décoreraient notre chambre;
Les plus rares fleurs

Mêlant leurs odeurs
Aux vagues senteurs de l'ambre,
Les riches plafonds,
Les miroirs profonds,
La splendeur orientale,
Tout y parlerait
A l'âme en secret
Sa douce langue natale.

Là, tout n'est qu'ordre et beauté,
Luxe, calme et volupté.

Vois sur ces canaux
Dormir ces vaisseaux
Dont l'humeur est vagabonde;
C'est pour assouvir
Ton moindre désir
Qu'ils viennent du bout du monde
— Les soleils couchants
Revêtent les champs,
Les canaux, la ville entière,
D'hyacinthe et d'or;
Le monde s'endort
Dans une chaude lumière.

Là, tout n'est qu'ordre et beauté,
Luxe, calme et volupté.

La mort des amants

Nous aurons des lits pleins d'odeurs légères,
Des divans profonds comme des tombeaux,
Et d'étranges fleurs sur des étagères,
Écloses pour nous sous des cieux plus beaux.

Usant à l'envi leurs chaleurs dernières,
Nos deux cœurs seront deux vastes flambeaux,
Qui réfléchiront leurs doubles lumières
Dans nos deux esprits, ces miroirs jumeaux.

Un soir fait de rose et de bleu mystique,
Nous échangerons un éclair unique,
Comme un long sanglot, tout chargé d'adieux;

Et plus tard un Ange, entr'ouvrant les portes,
Viendra ranimer, fidèle et joyeux,
Les miroirs ternis et les flammes mortes.

MARCELINE DESBORDES-VALMORE

*Mme Desbordes-Valmore fut femme, fut toujours
femme et ne fut absolument que femme : mais elle
fut à un degré extraordinaire l'expression poétique de toutes les beautés naturelles de la femme.*

Charles Baudelaire

*Née le 20 juin 1786 d'Antoine-Félix Joseph Desbordes et
de Marie-Christine Joseph Lucas, Marceline Desbordes, qui
devint le 4 septembre 1817 Marceline Desbordes-Valmore
après son mariage avec l'acteur François Prosper Lanchan-
tin dit Valmore, fut célébrée par les plus grands poètes :
Aragon, Banville, Baudelaire, Jammes, Lamartine, Verlaine...*

*Sa vie est un roman. Elle a trois ans lorsque Paris en
insurrection prend la Bastille. En 1802, alors que naît
Victor Hugo, elle émigre aux Antilles avec sa mère, qui sera
très vite emportée par la fièvre jaune, et rentre en France
après avoir de justesse échappé aux « massacres de la
Guadeloupe ». Dans le dénuement le plus total, elle
commence une carrière d'actrice et de chanteuse lyrique à
l'âge de seize ans. Carrière glorieuse qui fera d'elle la rivale
de Mademoiselle Mars et de Mademoiselle George à l'heure*

où Napoléon Ier régnait sur le monde. Puis commence tardivement une non moins brillante carrière de poétesse, qui la conduit au sommet de la gloire littéraire dans une France traumatisée par l'après-Waterloo.

Marceline eut, sur ses contemporains, un rayonnement aussi important que celui de Victor Hugo. La protestation qu'elle éleva en 1834 contre le massacre des canuts à Lyon fut, selon Aragon, l'une des plus pures de l'histoire de la poésie française : « En face de l'exploitation de l'Homme par l'Homme, Madame Desbordes-Valmore apparaît comme l'un des poètes de la Résistance d'alors. » Elle influença Verlaine et Rimbaud, leur inspirant le goût du vers impair. Elle chanta l'amour de l'homme et de l'enfant plus fort, plus loin qu'aucune femme ne l'avait fait. Déchirée dans sa chair par des passions contrariées, la mort de son amant, de sa sœur, de ses enfants et surtout d'Ondine sa petite dernière, elle mourut de ces blessures le 23 juillet 1859, à Paris, après avoir écrit son dernier poème « Allez en paix ». Mise en terre le 4 août dans sa ville de Douai,

(...)
« Ô Douai, "doux lieu de l'univers"
Il n'est que temps, il n'est que grand temps et que juste,
Ville, son cher souci dans ce cruel Paris,
De dresser quelque part sa ressemblance auguste
En quelqu'un de tes "coins" qu'elle a le plus chéris. »
(...)

Verlaine

on lui éleva une statue près de l'église Notre-Dame.

Élégie

Ma sœur, il est parti! ma sœur, il m'abandonne!
Je sais qu'il m'abandonne, et j'attends, et je meurs,
Je meurs. Embrasse-moi, pleure pour moi... pardonne...
Je n'ai pas une larme, et j'ai besoin de pleurs.
Tu gémis? Que je t'aime! Oh! jamais le sourire
Ne te rendit plus belle aux plus beaux de nos jours.
Tourne vers moi les yeux, si tu plains mon délire;
Si tes yeux ont des pleurs, regarde-moi toujours.
Mais retiens tes sanglots; il m'appelle, il me touche;
Son souffle en me cherchant vient d'effleurer ma
[bouche.
Laisse, tandis qu'il brûle et passe autour de nous,
Laisse-moi reposer mon front sur tes genoux.

Écoute! ici, ce soir, à moi-même cachée,
Je ne sais quelle force attirait mon ennui :
Ce n'était plus son ombre à mes pas attachée,
        Oh! ma sœur, c'était lui!
C'était lui, mais changé, mais triste. Sa voix tendre
Avait pris des accents inconnus aux mortels,
Plus ravissants, plus purs, comme on croit les entendre
Quand on rêve des cieux aux pieds des saints autels.
Il parlait, et ma vie était près de s'éteindre.
L'étonnement, l'effroi, ce doux effroi du cœur,

M'enchaînait devant lui. Je l'écoutais se plaindre,
Et, mourante pour lui, je plaignais mon vainqueur.

Il parlait, il rendait la nature attentive;
Tout se taisait. Des vents l'haleine était captive;
Du rossignol ému le chant semblait mourir;
On eût dit que l'eau même oubliait de courir.

Hélas! qu'avait-il fait alors pour me déplaire?
    Il gémissait, me cherchait comme toi.
          Non, je n'avais plus de colère,
Il n'était plus coupable, il était devant moi.

Sais-tu ce qu'il m'a dit? des reproches... des larmes...
    Il sait pleurer, ma sœur!
Ô Dieu! que sur son front la tristesse a de charmes!
Que j'aimais de ses yeux la brûlante douceur!
Sa plainte m'accusait; le crime... je l'ignore :
J'ai fait pour l'expliquer des efforts superflus.
Ces mots seuls m'ont frappée, il me les crie encore :
    « Je ne te verrai plus! »

Et je l'ai laissé fuir, et ma langue glacée
A murmuré son nom qu'il n'a pas entendu;
Et sans saisir sa main ma main s'est avancée,
Et mon dernier adieu dans les airs s'est perdu.

Le présage

Oui, je vais le revoir, je le sens, j'en suis sûre!
Mon front brûle et rougit : un charme est dans mes
                    [pleurs;

Je veux parler, j'écoute et j'attends... doux augure !
L'air est chargé d'espoir... il revient... je le jure,
Car le frisson qu'il donne a fait fuir mes couleurs.
Un songe en s'envolant l'a prédit. L'heure même
A pris une autre voix pour m'annoncer le jour ;
Et ce ramier dans l'air, ce présage que j'aime,
Me ferait-il trembler s'il venait sans l'Amour ?

De ce tribut toujours je payai sa présence ;
L'Amour, dans sa pitié, me prépare au bonheur :
    Je n'ai plus froid de son absence :
Tient-il déjà mon cœur enfermé sous son cœur ?

Et ce livre qui parle !... Ah ! ne sais-je plus lire ?
Tous les mots confondus disent ensemble : « Il vient ! »
Comme un enfant, je pleure et je me sens sourire :
C'est ainsi qu'on espère, Amour, il m'en souvient !

Mais prends garde à ma vie, un instant fais-moi grâce !
La lumière est trop vive en sortant de la nuit ;
    Laisse-moi rêver sur sa trace ;
    Arrête le temps et le bruit.

Saule ému, taisez-vous ! Ruisseau, daignez vous taire !
Écoutez, calmez-vous, il ne tardera pas ;
    J'ai senti palpiter la terre,
Comme au temps où mes pas me portaient sur ses pas.

Me voici sur la route, et j'ai fui ma fenêtre ;
Trop de fleurs l'ombrageaient... Quoi ! c'est encor l'été ?
Quoi ! les champs sont en fleurs ? le monde est habité ?
Hier, c'est donc lui seul qui manquait à mon être ?
Hier, pas un rayon n'éclairait mon ennui :

144

Dieu!... l'été, la lumière et le ciel, c'est donc lui!

Oui, ma vie! oui, tout rit à deux âmes fidèles :
Tu viens; l'été, l'amour, le ciel, tout est à moi;
Et je sens qu'il m'éclôt des ailes
Pour m'élancer vers toi!

Où suis-je? le sol fuit sous mes pieds! L'air m'oppresse!
Ah! si j'allais mourir sans l'avoir vu... Non! non!
Mais tantôt, affaiblie et pâle de tendresse,
Que me restera-t-il à lui dire?... Son Nom!

Oui, son nom dans ma voix est un secret intime,
Un langage où toujours mon destin parlera;
C'est mon cri de bonheur, c'est la foi qui m'anime,
C'est ma seule éloquence; il la reconnaîtra!

Mais quoi! ces longs tourments? et puis ce long silence?
Et cette nuit de l'âme, et ce froid désespoir?
Et... l'amour m'éblouit, ma mémoire balance,
Je ne peux plus souffrir... oui! je vais le revoir!

Les ailes d'anges

Vous aussi, vous m'avez trompée,
Avec vos traits d'ange et vos pleurs;
Sous le charme de vos douleurs,
Mon âme reste enveloppée.

145

De vos jours longtemps accablés,
J'écartai les ombres cruelles;
Mais l'air pur fait frémir vos ailes,
Bel ange! et vous vous envolez.

Quand vos ailes alors tremblantes
Vinrent se reposer sur moi,
Quand, à travers un peu d'effroi,
J'accueillis vos peines brûlantes,
Entre vous et les cieux troublés
J'étendis mes deux mains fidèles;
Sur mon cœur j'ai séché vos ailes,
Bel ange! et vous vous envolez.

Saviez-vous qu'une voix plaintive
Pût toucher un cœur à la mort?
Étiez-vous triste du remord
D'y rendre ma vie attentive?
Où fuir, hélas! quand vous parlez
De pleurs, d'amitiés éternelles?
J'écoutais, j'oubliais vos ailes,
Bel ange! et vous vous envolez.

Charmez votre exil sur la terre,
Sous d'autres cieux, par d'autres fleurs;
Allez! Dieu comptera vos pleurs
Au fond d'une âme solitaire;
Peut-être un jour vous reviendrez
Y cacher des douleurs nouvelles :
Mais vous aurez toujours des ailes;
Toujours vous vous envolerez.

LECONTE DE LISLE

Chef de file de l'école parnassienne, préférant aux effu-
sions lyriques du romantisme une objectivité sereine dans
l'art d'écrire en vers, Charles Marie Leconte, dit Leconte de
Lisle, prône une poésie esthétique accordant la science et
l'art et se vouant exclusivement à la beauté, sans se soucier
de la vérité, de l'utilité et de la morale. Pourtant, le très
imperturbable et très honorable traducteur d'Homère,
bibliothécaire au Sénat en 1870 et néanmoins poète, a bien
du mal à se montrer insensible. Ses poèmes sont empreints
d'une lancinance troublante dans laquelle il tente, sans
grand succès, de dissimuler l'outrance pudique, d'un tigre
qui se prend pour un oiseau. C'est un homme déçu par son
siècle, qui se réfugie dans cette vision épurée du monde et
qui trouve ainsi le moyen de survivre dans un temps qui
n'est pas le sien. Devant l'échec de la révolution de 48 et le
retour de l'Empire, deux solutions s'offraient à lui : l'exil
ou la résignation. Celui qui fut pourtant le successeur
d'Hugo à l'Académie française choisit de se résigner, et son
Parnasse ne fut en fait qu'un purgatoire doré. Une façon
d'oublier qu'il était démocrate. Mais ce Réunionnais
devenu parisien ne put jamais tout à fait effacer de sa
mémoire le crime coloré de cette adolescence au soleil et de

ses voyages aux Indes, aux îles de la Sonde qui lui firent, peut-être à tort, regretter en secret d'avoir été nantais avant d'être « mulâtre ». Aussi, l'ex-abolitionniste et fouriériste, devenu grand commandeur de « l'art pour l'art » ne put s'affranchir de sa propre vibrance. Et l'effort de ses vers pour garder leur sang-froid ne résorbe qu'en surface la sensuelle mobilité qui les anime. Qu'il l'ait voulu ou non, Leconte de Lisle est un poète de l'amour, et ses vers en frémissent encore...

Le 17 juillet 1993, à Monaco, j'accompagnais le seul ami poète que j'aie eu dans ma vie jusqu'à sa dernière demeure. Après avoir repoussé les paparazzis qui voulaient, contre sa dernière volonté et celle de sa famille, voler à sa femme, à ses enfants et ses amis des images de leur souffrance, je me suis agenouillé au pied de sa tombe, et j'ai prié. Léo n'avait ni Dieu ni maître. Il n'avait que des amis, des amis poètes et disparus. Aussi les mots de ma prière ne furent pas ceux d'un prêtre mais ceux d'un poète. Les voici.

A un poète mort

Toi dont les yeux erraient, altérés de lumière,
De la couleur divine au contour immortel
Et de la chair vivante à la splendeur du ciel,
Dors en paix dans la nuit qui scelle ta paupière.

Voir, entendre, sentir? Vent, fumée et poussière.
Aimer? La coupe d'or ne contient que du fiel.

Comme un Dieu plein d'ennui qui déserte l'autel,
Rentre et disperse-toi dans l'immense matière.

Sur ton muet sépulcre et tes os consumés
Qu'un autre verse ou non les pleurs accoutumés,
Que ton siècle banal t'oublie ou te renomme ;

Moi, je t'envie, au fond du tombeau calme et noir,
D'être affranchi de vivre et de ne plus savoir
La honte de penser et l'horreur d'être un homme !

*Cette prière était de Leconte de Lisle, mort le 17 juillet
1894, à l'âge de Léo... il y aura 100 ans l'été prochain...*

Pantoum malais

Voici des perles de Mascate
Pour ton beau col, ô mon amour !
Un sang frais ruisselle, écarlate,
Sur le pont du blême Giaour.

Pour ton beau col, ô mon amour,
Pour ta peau ferme, lisse et brune !
Sur le pont du blême Giaour
Des yeux morts regardent la lune.

Pour ta peau ferme, lisse et brune,
J'ai conquis ce trésor charmant.
Des yeux morts regardent la lune
Farouche au fond du firmament.

J'ai conquis ce trésor charmant,
Mais est-il rien que tu n'effaces?
Farouche au fond du firmament,
La lune reluit sur leurs faces.

Mais est-il rien que tu n'effaces?
Tes longs yeux sont un double éclair.
La lune reluit sur leurs faces,
L'odeur du sang parfume l'air.

Tes longs yeux sont un double éclair;
Je t'aime, étoile de ma vie!
L'odeur du sang parfume l'air,
Notre fureur est assouvie.

Je t'aime, étoile de ma vie,
Rayon de l'aube, astre du soir!
Notre fureur est assouvie,
Le Giaour s'enfonce au flot noir.

Rayon de l'aube, astre du soir,
Dans mon cœur ta lumière éclate!
Le Giaour s'enfonce au flot noir!
Voici des perles de Mascate.

Messieurs les Officiers, hôtes étrangers de la Cour d'Amour...

PÉTRARQUE

Francesco Petrarca, né en 1304 à Arezzo (Toscane), mort en 1374 près de Padoue.

Célébré en son temps pour ses traductions et ses écrits dans la langue de Virgile, chargé de nombreuses missions politiques, il demeure immortel par son amour pour Laure de Noves. Sa vie, sa mort, lui inspirèrent le Canzonière dont il rougit plus tard, craignant de devenir la fable du vulgaire.

« Ma ben veggi'or, si come al popol tutto
Favola fui gran tempo, onde sovente
Di me medesmo meco mi vergogno. »

« Mais je vois bien aujourd'hui à quel point j'ai été de
                                          [tout le monde
La risée pendant longtemps, ce dont souvent
J'ai honte au fond de moi. »

Dans ce livre, pourtant, il exalte la beauté physique et

151

morale de celle qu'il aime et nous décrit les mille nuances
du kaléidoscope amoureux, avec une intelligence et une
subtilité à fleur de peau. Le chant de cet amour qui devient
adoration après la mort de l'être aimé est un des plus beaux
livres de chevet qui soient pour ceux qui sont en quête de
sentiments éternels. Je ne saurais assez conseiller les
poèmes, sonnets et sextines du Canzonière à tous les amou-
reux qui ne les ont encore lus. En voici deux : l'un
moderato, l'autre vivace. Puissent-ils vous inspirer l'envie
de redécouvrir cette partition sublime d'amour et d'absolu.

Préface dans laquelle le poète s'excuse
pour le dérèglement de sa passion

Voi ch'ascoltate in rime sparse il suono

Vous qui découvrez mes soupirs dans ce livre
Dans ces vers écrits par l'enfant que j'étais,
Quand de mes erreurs de jeunesse j'ôtais
La trace en mon cœur par le mot qui délivre !

Prenez en pitié ces vers que je vous livre
Ces vaines douleurs qu'en eux je contentais !
Vaines espérances qu'en eux je chantais !
Aimant qui ne fut un jour de ce mal ivre ?

On se rit de moi parfois et j'en ai honte,
Mais ceux qui le font rient de leurs propres maux !
Je fixe leurs songes pour les satisfaire ;

Des folies passées qu'aujourd'hui je raconte,
Méprisé l'auteur on en prise les mots;
En lui c'est son rêve que l'homme préfère...

Sonnet
Come tal ora al caldo tempo sole

Comme un papillon vers la lumière vole,
    Risquant d'y laisser les ailes de sa vie,
    Du feu de tes yeux toujours inassouvie
    Mon âme aveuglée vers tes regards s'envole...
Fatale lumière! En insecte frivole,
    Sans voir le danger, jamais je ne dévie
    De ces deux brasiers que mon âme asservie,
    Comme Prométhée les feux célestes, vole...
Mais j'aime pourtant cet éblouissement
    Qui brûle mon cœur, mes yeux, mon existence!
    Et cède à ce mal avec ravissement,
Soufflant sur l'amour pour qu'il soit plus intense;
    Et seul contre tous irrésistiblement,
    Pour toi je m'enflamme avec plus d'insistance...

GACILASO DE LA VEGA

Gacilaso de la Vega naquit en 1501 à Tolède et fut orphelin de père dès l'âge de 11 ans. Élevé à Batres et à Tolède, il fut nommé en 1520 « contino » du nouveau roi Don Carlos d'Autriche. Mais un malheur frappa sa jeune existence, car il dut s'opposer, les armes à la main, à son propre frère, engagé dans le soulèvement des communes espagnoles (communeros) qui ensanglanta l'Espagne entre 1520 et 1521, faction qu'il combattit de toutes ses forces. De 1524 jusqu'à 1525, il se retira dans un monastère pour tenter d'y trouver la paix de l'âme puis il épousa la sœur de l'empereur, Doña Elena Zuniga. Dès lors, le jeune contino de 24 ans et sa famille passèrent trois années tranquilles et heureuses à la cour du roi, dans la belle ville de Tolède. Avec sa femme, il eut trois enfants et dut cacher un fils illégitime prénommé Laurenzo. Mais l'amour de sa vie fut Doña Isabel Sreire, jeune et jolie portugaise, proche de la reine du Portugal, qu'il célèbre dans tous ses poèmes. Elle mourut en couche quelques années plus tard, alors qu'elle s'était mariée. Gacilaso, inconsolable, tenta d'oublier son infortune en voyageant en Italie et en France où il mourut en 1536 près de Fréjus à l'âge de 35 ans. En tant que poète, il fut l'un des premiers à rimer des sonnets en Espagne.

Pendant plus d'un siècle, aucun de ses poèmes ne fut édité. Mais sa passion pour Doña Isabel fut sans doute la plus forte et l'emporta sur cette fatalité. Car, dans la ténèbre des mots enfouis, quel jaillissement aurait pu rendre ces vers à la vie sinon l'éclair dans l'au-delà du souvenir de leur amour?

Oh hado secutivo en mis dolores!

Ô Destinée qui naît de mes douleurs!
Combien me pèsent tes lois rigoureuses
Quand tranchent l'arbre ces mains douloureuses
Qui dans la terre ont semé fruits et fleurs!
Mon amour gît à l'étroit dans mes pleurs
Avec mes espérances malheureuses
Devenues dédaigneuses et cendreuses
Sourdes à mes plaintes et mes clameurs...
Reçois ces larmes sur ta sépulture,
Ô mon Amour! ces larmes s'y glissant!
Larmes d'hier qui demain tomberont
Jusqu'à ce que la nuit toujours obscure
Ferme ces yeux qui t'ont vue, me laissant
Avec ceux-là qui, morts, te reverront...

WILLIAM SHAKESPEARE

C'est sans doute au jeune comte de Southampton, dont il était devenu le protégé, que William Shakespeare dédie sa merveilleuse plaquette de 154 sonnets. Il a, semble-t-il, alors la trentaine. Mais ce recueil ne sera publié que bien plus tard, en 1609. Vers 1592, la peste sévissait dans les bas quartiers de Londres, et les compagnies de comédiens durent, les unes après les autres, se dissoudre. Le comédien Shakespeare devint alors poète et auteur dramatique. Sans doute voulait-il ainsi trouver en lui la magie nécessaire pour triompher de la malédiction qui frappait les saltimbanques. Ce recueil de sonnets, dont les plus beaux restent les sonnets d'amour, semble tous empreints de cette magie qui devait amener Shakespeare à vivre les années les plus prospères de son existence, et ce jusqu'à l'incendie du théâtre du Globe en 1613. Shakespeare, originaire de Stratford (où il naquit en 1564), y mourut trois ans après son théâtre en 1616, rejoignant dans l'éternité sa Juliette, son Roméo...

Roméo et Juliette
Acte I, scène 5
(Traduction François-Victor Hugo)

ROMÉO, *prenant la main de Juliette*

Si j'ai profané de mon indigne main cette châsse sacrée, je suis prêt à une douce pénitence : permettez à mes lèvres, comme à deux pèlerins rougissants, d'effacer ce grossier attouchement par un tendre baiser.

JULIETTE

Bon pèlerin, vous êtes trop sévère pour votre main qui n'a fait preuve en ceci que d'une respectueuse dévotion. Les saintes mêmes ont des mains qui peuvent toucher les mains des pèlerins; et cette étreinte est le baiser des pieux pèlerins.

ROMÉO

Les saintes n'ont-elles pas des lèvres, et les pèlerins aussi?

JULIETTE

Oui, pèlerin, des lèvres vouées à la prière.

ROMÉO

Oh! alors, chère sainte, que les lèvres fassent ce que font les mains. Elles te prient; exauce-les de peur que leur foi ne se change en désespoir.

JULIETTE

Les saintes restent immobiles tout en exauçant leurs prières.

ROMÉO

Reste donc immobile, tandis que je cueillerai le fruit de ma prière.

(Il l'embrasse.)

Voici donc mon péché effacé de mes lèvres par les tiennes.

JULIETTE

Alors, les miennes ont gardé pour elles ce péché.

ROMÉO

Vous avez pris le péché de mes lèvres? Ô reproche charmant! Alors rendez-moi mon péché.

Sonnet 66

Tir'd with all these, for restful death I cry,

Lassé du monde, au grand sommeil, j'aspire
Lorsque je vois le mérite indûment

Tendre la main; les sarcasmes qu'inspire
Le pauvre ou l'homme au loyal sentiment...

Juste vertu! injustement souillée!
Louant le traître, honneur déshonoré!
Virginité vilement violée!
Par les intrigues, droit contrecarré!

Voir le pouvoir forcer l'art à se taire
Et la sottise faite vérité!
Voir du talent flétrir chaque critère,
Le mal régnant sur un bien garrotté!

Las, mon amour, partir, je ne saurais!
Car, en mourant, je t'abandonnerais...

JOHANN WOLFGANG VON GOETHE

Johann Wolfgang von Goethe naquit à Francfort-sur-le-Main en 1749, et mourut à Weimar en 1832, à l'âge de 83 ans. Ses « Souffrances du jeune Werther » enflammèrent le cœur de générations et de générations d'adolescents en quête d'absolu. Napoléon Ier disait de lui : « Voilà un homme. » Pourtant, à la lecture des trois poèmes que j'ai choisis, c'est une femme qu'il fait parler. J'aime ces trois textes empreints de gaieté mélancolique et de distance face aux douleurs de l'absence. Ils tranchent parmi l'œuvre de Goethe. J'ai souvent donné ces vers à lire à des amies allemandes en leur cachant l'auteur. Elles m'ont toujours demandé le nom de la poétesse qui les avait composés. Quelle n'était pas leur surprise quand je répondais : Johann Wolfgang von Goethe ! Voici donc, écrits de main d'homme, ces poèmes de femme.

L'amante écrit
Die Liebende schreibt

Ces regards que tes yeux ont plongés dans les miens,
Ce baiser que ta bouche a laissé sur mes lèvres

En fixant les instants de nos premières fièvres
Éloignent ceux d'ailleurs comme des bohémiens...

Devenue étrangère aux miens, quand vient le temps,
Je mène infiniment mes pensées à la ronde
Vers l'unique moment (dont le silence gronde
En l'absence de toi) de nos premiers instants...

Je pleure alors à l'heure où ce vide survient,
Mais je pense soudain que ton amour me vient
De si loin qu'à son tour mon amour peut l'atteindre;

Et d'un souffle amoureux pour mieux me ressaisir
Je te dis : « Ton bonheur est mon plus cher désir!
Fais-m'en signe et reviens voir ma peine s'éteindre! »

L'amante encore
Die Liebende abermals

N'ayant rien à te dire, à part : « Mon bien aimé! »
Qu'ai-je besoin de prendre un papier pour écrire?
Si ce n'est pour pouvoir dans tes paumes inscrire
Ce besoin de tes mains que j'ai trop réprimé...

Ne pouvant te rejoindre de corps, j'ai sommé
Ce billet sans début ni fin de te décrire
Et de t'offrir l'instant de larme, de sourire,
Ou d'amour qu'avec toi je n'ai pas consommé...

Mon cœur tourné vers toi pour toi seul se gardant
Des rêveries, désirs, songes et vœux pourtant
Veut en vain par les mots faire l'instant renaître.

Devant toi je fus telle un jour te regardant :
Muette ; mais qu'aurais-je pu dire à l'instant
Où ton premier regard achevait tout mon être ?

Elle ne peut finir
Sie kann nicht enden

Et si je t'envoyais ma feuille toute blanche
Au lieu de la noircir avec mes mots d'amour,
Je sais bien que par jeu tu voudrais en retour
Pour me plaire l'emplir des tiens en avalanche.

Alors j'apercevrais, fébrile et curieuse,
Le bleu de l'enveloppe et vite l'ouvrirais
Pour la lire et pouvoir découvrir les secrets
De ces mots dits par toi qui me rendent heureuse :

« Cher enfant, petit cœur, mon amour, ma beauté... »
Je croirais lire aussi par ta main chuchotés
Chacun de ces mots-là comme autant de caresses.

Et calmant mon désir par ces doux petits mots,
Me choyant chaque instant, tu guérirais mes maux ;
De mon âme enfin belle apprenant la tendresse...

Madame et Messieurs
les Chevaliers de la Cour d'Amour

MARIE DE FRANCE

Trois œuvres de la littérature française du XIIe siècle, sont signées du nom d'une femme : Marie. Ces œuvres sont les lais, les fables et l'espurgatoire Saint-Patrice. Il est communément admis que ces trois Marie ne sont en fait qu'une seule et même personne, et c'est à cette inconnue nommée Marie que le Président Fauchet, au XVIe siècle, a donné le joli nom de Marie de France, d'après l'épilogue des fables : « Marie ai num, SI SUI DE FRANCE. *» Elle vivait, semble-t-il, dans l'Angleterre anglo-normande, à la source même de toutes les légendes qui furent celles des « romans de la table ronde ».*

Mais quoi qu'on dise, et quelles que soient les investigations de chacun, personne ne sait véritablement aujourd'hui qui fut Marie de France. Pourtant ses lais sont une des pièces maîtresses de la littérature médiévale. Dans le lai du chèvrefeuille sans doute le plus célèbre, Marie raconte l'histoire de Tristan et Iseult, amants inséparables, et je dédie cette pièce de vers à tous ceux qui ont résolu de s'unir devant Dieu pour le meilleur et pour le pire, le pire étant bien sûr pour les amants véritables d'être un jour séparés par la vie ou la mort.

A propos de Tristan et Iseult
Extrait du Lai du chèvrefeuille

Attendant en secret
Le passage d'Iseult,
Pour attirer ses yeux,
Tristan dans la forêt
Trancha d'un coudrier
La branche...
Puis pour graver dit-on
Son nom sur le bâton,
Sortant du baudrier
Son épée, il l'ébranche ;
Équarrissant sa tige, il l'écorce et la signe.
Il espérait
Par ce signe
A sa belle faire savoir
Qu'il avait très longtemps erré
Dans la forêt

Pour la revoir ;
Hélas en vain ! mais qu'il ne pourrait
Plus longtemps vivre ainsi d'elle séparé...
Sachant qu'elle devrait
Emprunter ce sentier,
Et voir ainsi gravé
Ce bout de noisetier

Pour en avoir déjà trouvé
Sur son passage,
Tristan savait qu'Iseult en passant le verrait ;
Et qu'elle y lirait
Ce message :

« Il en est de nous deux comme des chèvrefeuilles
Lorsqu'ils se nouent autour d'un coudrier ;
Lorsqu'aux tiges de l'un l'autre enroule ses feuilles,
Rien ne peut plus les démarier.
Car le coudrier meurt ; le chèvrefeuille aussi
Quand l'un de l'autre on les sépare ;
Il en est des doux liens de notre amour ainsi :
Voilà pourquoi je les compare... »

Bel ami ! ainsi est de nous :
Ni vous sans moi, ni moi sans vous...

JEAN PASSERAT

Né à Troyes en 1534, et mort à Paris en 1602, ce professeur d'éloquence au Collège royal nous laisse une œuvre importante composée surtout de poèmes et de satires, et dont le chef-d'œuvre est cette petite pièce de vers naïve qu'il intitula Villanelle, dont la forme vive et légère est propre à exprimer l'amour dans ce qu'il porte en nous d'enfance et de nostalgie.

Sonnet
d'un baiser pris en pleurant

Ma maîtresse en pleurant semblait si désolée
Qu'elle eut fait de pitié soupirer un rocher :
Je m'aventurai lors de ma bouche approcher,
Pour sucer de ses yeux cette humeur emperlée,

Ce n'était à mon goût qu'eau de sucre gelée,
(Au moins je le disais) que ma soif étancher ;

Mais, ô sot que j'étais ! Je n'y devais toucher,
Me voulant rafraîchir j'ai mon âme brûlée.

Ma maîtresse, à mon dam vous m'avez fait savoir
Combien sur la nature Amour a de pouvoir,
Vu que pour mon martyre il change l'eau en flamme.

Or pleurez votre saoul : je ne veux plus baiser
Les yeux qui m'ont trahi pensant les apaiser ;
C'est un trop âpre feu que des pleurs d'une femme.

Villanelle

J'ai perdu ma tourterelle :
Est-ce point celle que j'ois[1] ?
Je veux aller après elle.

        Tu regrettes ta femelle,
Hélas ! aussi fais-je moi,
J'ai perdu ma tourterelle.

        Si ton amour est fidèle,
Aussi est ferme ma foi,
Je veux aller après elle.

        Ta plainte se renouvelle ;
Toujours plaindre je me dois.
J'ai perdu ma tourterelle.

1. J'entends.

En ne voyant plus la belle
Plus rien de beau je ne vois :
Je veux aller après elle.

Mort, que tant de fois j'appelle,
Prends ce qui se donne à toi :
J'ai perdu ma tourterelle,
Je veux aller après elle.

L'ACCOMPLIE DAMOISELLE DE FLORENCE

Baptisée « Compiuta Donzella » (l'accomplie damoiselle), on ne connaît pas le nom de cette poétesse encore récusée il y a cinquante ans. Mais son existence ne fait aujourd'hui plus aucun doute. Elle nous laisse trois sonnets dont voici traduits mes deux préférés. Dans le premier, « A la stagion che'l mondo », elle traite le thème classique de la mal fiancée, qui deviendra la mal mariée (maumariée occitane). Dans le second, « Tapina oi me », ne pouvant nommer celui qu'elle aime, selon la tradition du trobar, elle le change en épervier, le temps d'un poème.

170

A la stagion che'l mondo

En la saison où tout feuille et fleurit
Main dans la main les amants vont marchant
Dans les jardins où l'oiseau fait son chant;
Et leur désir de ce chant se nourrit...

Dans tous les cœurs nobles, l'amour s'inscrit;
Pour servir l'autre tous vont se cherchant;
Les filles rient; moi je vais m'épanchant,
Et seul mon cœur de larmes ne tarit...

Dans la douleur mon père m'a plongée
Qui m'entretient souvent dans ce tourment,
Car il voudrait, me tenant engagée,
Contre mes vœux m'imposer un amant.

De ce malheur souffrant depuis longtemps
Je ne jouis plus du retour du printemps...

Ô ciel! par quel destin barbare et rigoureux
Faut-il pour trop aimer voir changer ce qu'on aime.

Suzon de Terson

Tapina oi me c'amava uno sparvero

Pauvre de moi j'aimais un épervier
A en mourir! si noble et si gracile,
A mon rappel si prompt et si docile,
Que je l'ai trop gâté sans me défier!

Car à présent il se dresse plus fier
Vole plus haut qu'avant et tient concile
En doux vergers; élisant domicile
Auprès d'une autre! ô cruel épervier!

Mon épervier! C'est moi qui t'ai nourri
Qui de sonnaille d'or t'ai fait armer
Pour qu'à la chasse tu sois plus hardi!

Mais te voilà monté comme une mer
Brisant tes liens loin de moi en allé;
Toi qui si fort m'as toujours oiselé...

172

MARC DE PAPILLON DE LASPHRISE

Marc de Papillon, qui naquit en 1555, en Touraine, près du château d'Amboise, dans le petit fief de Lasphrise, mourut aux environs de 1599, à l'âge de 44 ans. D'abord au service du duc d'Anjou, futur Henri III, puis du duc de Mayenne, sous la bannière des Guise, il fit vingt ans de service dans le rang des catholiques. Pourtant, il devra moins sa renommée à ses prouesses guerrières, qu'à celles qu'il destinait au lit des dames. Ce papillon-là aimait bien butiner le cœur de ces « filles fillantes », et cueillir les fruits défendus. Dès l'âge de vingt ans, il voulu s'attirer les faveurs d'une jeune novice, qu'il nomma Théophile, afin de dissimuler son identité. Ne pouvant y parvenir, il jette son dévolu sur Polixène Papillon, fille de son propre frère, Nicolas Papillon, et mariée de surcroît à un très vieil insecte. Voilà le capitaine Lasphrise embarqué dans un second amour interdit, contraint encore une fois de rebaptiser celle qu'il aime pour mieux la nommer. Polixène deviendra Noémie. Dans le second sonnet, vous pourrez lire verticalement le nom de l'auteur composé par l'initiale de chaque vers et, selon le même principe, au milieu du poème, bien à l'abri dans le cœur de l'hémistiche, le vrai nom de sa Théophile, la très désirable Renée Le Poulcre

173

dont notre cher Papillon de nuit dut rendre le corps à Dieu. Jacques Roubaud nous dit de lui qu'il se montra « si peu catholique » dans ses amours, « que les siècles outrés vouèrent son œuvre à l'oubli ». Cruelle injustice ! Car Marc de Papillon de Lasphrise (son nom n'est-il pas à lui seul un poème ?) demeure l'un des plus grands maîtres dans l'art de tourner et retourner le sonnet, lui faisant sans nul doute, comme il fit au « glorieux troupeau » de ses amantes et selon l'expression de Jacques Roubaud, « l'amour sans pétrarquiser de toutes les façons possibles en langue française ». Mais peut-être devrait-on dire en langue amoureuse, car, si le français fut la langue des amours, Marc de Papillon de Lasphrise en fit également la matrice de ce tendre parler qu'empruntent les enfants pour nous dire les mots qui leur viennent au cœur, et les amants lorsque l'amour les fait retomber en enfance. Ce « langage enfançon », Marc de Papillon de Lasphrise en fera son langage et celui des amoureux. Lorsqu'ils papillonnent, il arrive souvent que les amants se parlent de la sorte sans même s'en apercevoir. Lorqu'ils le réalisent, se sentant ridicules, ils s'empressent aussitôt de rentrer dans leur coquille. Ils ont tort, car il faut s'oublier dans l'amour, comme ose le montrer Papillon dans le premier de ces sonnets.

Sonnet en langage enfançon

Hé mé mé, bine moi, bine moi, ma pouponne,
Cependant que papa s'en est allé aux champs,
Il ne la soza pas, il a mené ses gens,
Bine mé donc, maman, puisqu'il n'y a passonne.

Ayant frayé l'œillet de ta levre bessonne,
Je me veux regadé en tes beaux yeux luisans :
Car ce sont les misoirs des amouseux enfans,
Apres je modesai ta goge, ma menonne.

Soudain je lechesai ton joliet tetin,
Puis-je chantouillsai ton beau petit tounin,
Maintenant de ma pine, ores de ma menotte.

Si tu n'accode à moi le folâte gaçon,
Guisissant mon bobo agadé tu es sotte :
Car l'amour se fait mieux en langage enfançon.

175

Toucher, aimer, c'est ma devise.

Charles IX, roi de France

Madame quand Amours **R**egarde vos beaux yeux,
Aise de sa fortune **E**ntièrement aimable
Rien ne lui fait terreur **N**on la mort redoutable :
Car Amour brûle-cœurs **E**st toujours valeureux.
De grâce aimez-le donc **E**stimez-le Amoureux,
Et vous fiez en lui, **L**'acceptant honorable,
Par lui vous paraîtrez **E**xtrêmement louable,
Ainsi qu'une beauté **P**laisante aux mêmes Dieux.
Princesse de son cœur, **O**lympe de son âme,
Il vous offre ses vers, **V**rais témoins de sa flamme
L'Uranie en leur chant **L**uira d'un feint renom
L'humble discours est haut **C**élébrant Théophile
On ne peut le blasmer **R**éclamant si beau nom
Ne le dédaignez donc **E**n vous servant utile.

176

CHRISTINE DE PISAN

*Née à Venise en 1363, Christine de Pisan avait 5 ans
quand son père, Thomas de Pisan, conseiller de la République vénitienne, fut nommé astrologue à la cour de
Charles V. Bien qu'elle fût italienne de naissance, on
décida, dès son arrivée à la cour, de faire du français sa
langue maternelle. A quinze ans elle épousa Étienne du
Castel, notaire et secrétaire du roi, qui mourut dix ans plus
tard, la laissant veuve à vingt-cinq ans avec trois enfants et
sans ressources. Vivant désormais de sa plume, elle écrivait
pour nourrir sa famille. Elle fut aussi l'une des premières
féministes, donnant aux femmes mille conseils sur la façon
dont elles doivent se protéger de la tyrannie des hommes.
Après la mort de Charles VI, son protecteur, lasse des tracas
et brouhahas mondains de la cour, elle se retira dans un
monastère où elle mourut en 1431. J'ai retenu de Christine
cette tendre et vive ballade ourlée comme elle de mira-
culeuse candeur.*

Seulette

Seulette suis et seulette veux être,
Seulette m'a mon doux ami laissée,
Seulette suis sans compagnon ni maître,
Seulette suis, dolente et courroucée,
Seulette suis, en langueur mesaisée[1],
Seulette suis, plus que nulle égarée :
Seulette suis, sans ami demeurée.

Seulette suis à huis ou à fenêtre,
Seulette suis dans un recoin musée[2],
Seulette suis pour de pleurs me repaître,
Seulette suis, dolente ou apaisée,
Seulette suis, rien n'est qui tant me siée[3],
Seulette suis en ma chambre enserrée :
Seulette suis, sans ami demeurée.

Seulette suis partout et en tout être[4],
Seulette suis où je vais, où je siée[5],
Seulette suis plus qu'autre rien terrestre[6],
Seulette suis de chacun délaissée,
Seulette suis, durement abaissée,

1. Mal à l'aise.
2. Blottie dans un coin.
3. Me convienne.
4. En tout lieu.
5. Que je marche ou m'assoie.
6. Plus que rien sur terre.

Seulette suis, souvent tout éplorée :
Seulette suis, sans ami demeurée.

ENVOY

Princes, or[1] est ma douleur commencée ;
Seulette suis, de tout deuil menacée,
Seulette suis, plus teinte[2] que morée[3] :
Seulette suis, sans ami demeurée.

1. Maintenant.
2. Sombre.
3. De couleur noire.

JEAN DE LA FONTAINE

Château-Thierry, 1621 — Paris, 1695.
Poète et conteur, il incarne la poésie tout entière. Il est l'art d'écrire en prose, il est l'art d'écrire en vers. Son calame taillé dans la flamme et le vent a gravé ma plus grande émotion poétique. Celle qui, dès l'enfance, m'a donné la fureur d'écrire. Sans doute n'est-ce pas un hasard si le premier poème que j'ai lu fut la fable des Deux pigeons. Petite bible des amants, chef-d'œuvre des chefs-d'œuvre, ce plaidoyer pour le couple fut mon premier frisson par la rime, ma première intelligence, mon premier voyage inverse, et je tiens ce poème pour le plus beau que j'aie jamais aimé. Quant au rondeau redoublé que j'ai choisi pour accompagner cette fable culte, il témoigne de la parfaite maîtrise et connaissance que ce magicien du verbe avait de l'art formel. Ce rondeau développe un schéma de rime des plus rares : mis au point par Clément Marot dans sa prison, ressuscité par Benserade, il fallait La Fontaine pour l'immortaliser. Sous l'apparente désinvolture de son style, il a su cacher le génie absolu de la structure. A chaque vers, chaque pied, chaque mot, chaque « note », par la magie de ses images, de son rythme et de ses mélodies textuelles, La Fontaine est une perpétuelle aventure...

180

Les deux pigeons

Deux pigeons s'aimaient d'amour tendre.
L'un d'eux s'ennuyant au logis
Fut assez fou pour entreprendre
Un voyage en lointain pays.
L'autre lui dit : « Qu'allez-vous faire?
Voulez-vous quitter votre frère?
L'absence est le plus grand des maux :
Non pas pour vous, cruel. Au moins que les travaux,
Les dangers, les soins du voyage,
Changent un peu votre courage.
Encor si la saison s'avançait davantage!
Attendez les zéphyrs : qui vous presse? un corbeau
Tout à l'heure annonçait malheur à quelque oiseau.
Je ne songerai plus que rencontre funeste,
Que faucons, que réseaux. « Hélas! dirai-je, il pleut :
« Mon frère a-t-il tout ce qu'il veut,
« Bon souper, bon gîte, et le reste? »
Ce discours ébranla le cœur
De notre imprudent voyageur;
Mais le désir de voir et l'humeur inquiète
L'emportèrent enfin. Il dit : « Ne pleurez point ;
Trois jours au plus rendront mon âme satisfaite;
Je reviendrai dans peu conter de point en point
Mes aventures à mon frère ;
Je le désennuierai. Quiconque ne voit guère
N'a guère à dire aussi. Mon voyage dépeint

Vous sera d'un plaisir extrême.
Je dirai : "J'étais là ; telle chose m'avint."
    Vous y croirez être vous-même. »
A ces mots, en pleurant, ils se dirent adieu.
Le voyageur s'éloigne ; et voilà qu'un nuage
L'oblige de chercher retraite en quelque lieu.
Un seul arbre s'offrit, tel encor que l'orage
Maltraita le pigeon en dépit du feuillage.
L'air devenu serein, il part tout morfondu,
Sèche du mieux qu'il peut son corps chargé de pluie,
Dans un champ à l'écart voit du blé répandu,
Voit un pigeon auprès : cela lui donne envie ;
Il y vole, il est pris : ce blé couvrait d'un las
    Les menteurs et traîtres appâts.
Le las était usé ; si bien que, de son aile,
De ses pieds, de son bec, l'oiseau le rompt enfin :
Quelque plume y périt ; et le pis du destin
Fut qu'un certain vautour à la serre cruelle
Vit notre malheureux qui, traînant la ficelle
Et les morceaux du las qui l'avait attrapé,
    Semblait un forçat échappé.
Le vautour s'en allait le lier, quand des nues
Fond à son tour un aigle aux ailes étendues.
Le pigeon profita du conflit des voleurs,
S'envola, s'abattit auprès d'une masure,
    Crut, pour ce coup, que ses malheurs
    Finiraient par cette aventure ;
Mais un fripon d'enfant (cet âge est sans pitié)
Prit sa fronde et, du coup, tua plus qu'à moitié
    La volatile malheureuse,
    Qui, maudissant sa curiosité,

Traînant l'aile, et tirant le pié,
Demi-morte et demi-boiteuse,
Droit au logis s'en retourna :
Que bien, que mal, elle arriva,
Sans autre aventure fâcheuse.
Voilà nos gens rejoints; et je laisse à juger
De combien de plaisirs ils payèrent leurs peines.

Amants, heureux amants, voulez-vous voyager?
　　Que ce soit aux rives prochaines.
Soyez-vous l'un à l'autre un monde toujours beau,
　　Toujours divers, toujours nouveau;
Tenez-vous lieu de tout, comptez pour rien le reste.
J'ai quelquefois aimé; je n'aurais pas alors
　　Contre le Louvre et ses trésors,
Contre le firmament et sa voûte céleste,
　　Changé les bois, changé les lieux,
Honorés par les pas, éclairés par les yeux
　　De l'aimable et jeune bergère
　　Pour qui, sous le fils de Cythère,
Je servis, engagé par mes premiers serments.
Hélas! quand reviendront de semblables moments?
Faut-il que tant d'objets si doux et si charmants
Me laissent vivre au gré de mon âme inquiète?
Ah! si mon cœur osait encor se renflammer!
Ne sentirai-je plus de charme qui m'arrête?
　　Ai-je passé le temps d'aimer?

Rondeau redoublé

Qu'un vain scrupule à ma flamme s'oppose,
Je ne le puis souffrir aucunement,
Bien que chacun en murmure et nous glose ;
Et c'est assez pour perdre votre amant.

Si j'avais bruit de mauvais garnement ;
Vous me pourriez bannir à juste cause ;
Ne l'ayant point, c'est sans nul fondement
Qu'un vain scrupule à ma flamme s'oppose.

Que vous m'aimiez, c'est pour moi lettre close ;
Voire on dirait que quelque changement
A m'alléguer ces raisons vous dispose :
Je ne le puis souffrir aucunement.

Bien moins pourrais vous cacher mon tourment,
N'ayant pas mis au contrat cette clause;
Toujours ferai l'amour ouvertement,
Bien que chacun en murmure et nous glose.

Ainsi s'aimer est plus doux qu'eau de rose :
Souffrez-le donc, Philis; car, autrement,
Loin de vos yeux je vais faire une pose,
Et c'est assez pour perdre votre amant.

Pourriez-vous voir ce triste éloignement?
De vos faveurs doublez plutôt la dose.
Amour ne veut tant de raisonnement :
Ce point d'honneur, ma foi, n'est autre chose
Qu'un vain scrupule.

MARGUERITE DE NAVARRE

Fille de Charles d'Angoulême et de Louise de Savoie, grande sœur de celui qui, 23 ans plus tard, deviendra François Ier, Marguerite naquit à Angoulême le 11 avril 1492. A dix-sept ans, elle devint duchesse d'Alençon, lorsque Louis XII lui imposa un guerrier de mari, assez rustre, trop âgé à son goût, et dont la meilleure attention fut de la laisser veuve cinq ans plus tard. En 1515, lorsque son petit frère succède à Louis XII sur le trône de France, Marguerite d'Angoulême et d'Alençon devint Marguerite de France et de Valois. En janvier 1527, elle devenait reine de Navarre par un second mariage, avec un prince beaucoup trop jeune et coureur de jupons. Ainsi madame sœur du roi que l'on nommait aussi la « perle des Valois » et la « Marguerite des Marguerite » pour ses talents, ses bienfaits, ses charmes et ses vertus, devait souffrir de ce mariage autant que du premier. Elle parlait l'espagnol, le latin, le grec, l'hébreu, et s'exaltait à la lecture de Dante et de Pétrarque. Elle découvrait l'imprimerie avec Gutenberg, le nouveau monde avec Isabelle la Catholique. Passionnée de sciences, protégeant Guillaume Budé, elle préparait la fondation du Collège de France au grand dépit des Sorbonnards. Très en avance sur son temps, elle réprouvait les *superstitions, dénonçait les bûchers, sauva Clément Marot et Charles de Sainte-Marthe.*

Lorsque son frère fut fait prisonnier après le désastre de Pavie, elle lui donna la force de soutenir l'exil. Entièrement dévouée à l'humanité, elle n'hésitait pas à héberger clandestinement des dissidents à Église et autres réformateurs en cavale. Mais sa cour était surtout un rendez-vous de poètes. On y jouait des mystères, tels que « L'adoration des trois rois » et « La comédie des innocents » que la reine avait écrits elle-même. Mystique, elle garda pourtant un naturel joyeux ; aimant à surprendre, elle employa les dernières années de son existence à composer une sorte de « décaméron » dans la manière de Boccace : dix nouvelles, dont le ton devait être léger et la morale profonde. Foudroyée par la mort à Odos le 21 décembre 1549, deux ans après son frère, Marguerite ne put en écrire que sept. Son « Décaméron », ainsi, fut un « heptaméron » : la symphonie inachevée d'une reine des lettres et de l'être avec qui s'éteignait la dernière flamme des temps glorieux de la chevalerie.

Stances amoureuses

Nos deux corps sont en toi, je ne sers plus que
[d'ombre ;
Nos amis sont à toi, je ne sers que de nombre.
Las ! puisque tu es tout et que je ne suis rien,
Je n'ai rien, ne t'ayant ou j'ai tout au contraire.

Avoir et tout et rien, comment se peut-il faire?
C'est que j'ai tous les maux et je n'ai point de bien.
(...)

Clair soleil de mes yeux, si je n'ai ta lumière,
Une aveugle nuée ennuite ma paupière,
Une pluie[1] de pleurs découle de mes yeux.
Les clairs éclairs d'Amour, les éclats de sa foudre,
(...)

Belle âme de mon corps, bel esprit de mon âme,
Flamme de mon esprit et chaleur de ma flamme,
J'envie à tous les vifs, j'envie à tous les morts.
Ma vie[2], si tu vis, ne peut être ravie,
Vu que ta vie est plus la vie que ma vie,
Que ma vie n'est pas la vie de mon corps!

Je vis par et pour toi, ainsi que pour moi-même;
Je vis par et pour moi, ainsi que pour toi-même;
Nous n'aurons qu'une vie et n'aurons qu'un trépas.
Je ne veux pas ta mort, je désire la mienne,
Mais ma mort est ta mort et ma vie est la tienne;
Ainsi je veux mourir, et je ne le veux pas!...

(Les Marguerites de la Marguerite des princesses)

1. Lire plui-e sur deux pieds.
2. Lire vi-e sur deux pieds.

ANDRÉ CHÉNIER

Il a vécu André poète du martyre, rédempteur de la poésie au siècle de la barbarie révolutionnaire. Ses idées libérales le conduisirent à l'échafaud en 1794, quelques jours avant la fin de la Terreur. Mais il nous laisse une œuvre considérable, tant par le fond que par la forme. Né à Constantinople en 1762 d'une mère d'origine grecque, son enfance fut bercée par la culture hellénique. On retrouve cette influence dans toute son œuvre, et surtout dans sa poésie élégiaque. Avant de mourir sur l'échafaud, il se toucha la tête et dit à celui qui devait l'exécuter : « Pourtant, j'avais quelque chose, là. » Il avait aussi quelque chose dans le cœur : l'idée d'un monde meilleur où la beauté, l'amour ne seraient plus jamais bafoués, insultés, méprisés, broyés... Cette sensibilité nous parvient aujourd'hui dans chaque vers qu'il a écrit par-delà ses allusions constantes aux grands mythes antiques. Son frère, Marie-Joseph, choisit de collaborer avec les terroristes, en écrivant des hymnes à la haine, comme l'épouvantable « Chant du départ » (« ... et du Nord au Midi, la trompette guerrière a sonné l'heure, l'heure du combat » ; « Tremblez ennemis de la France, rois ivres de sang et d'orgueil, le peuple souverain s'avance, tyrans, descendez

189

au cercueil »; « La République nous appelle, sachons vaincre ou sachons périr »; « Un Français doit vivre pour elle, pour elle, un Français doit mourir »). Il est mort dans son lit, sans avoir rien fait pour sauver son frère, et sa révolution a sombré dans les horreurs de la guerre. André a choisi de chanter l'amour. Il est mort guillotiné à 30 ans, mais son chant vit toujours.

> *Quel calme sombre et pur règne sur ce visage!*
> *D'une profonde nuit c'est le ciel sans nuage...*
> *Grand Dieu! de la vertu c'est la tranquillité!*
> *D'un cœur simple et sans art c'est la sérénité!...*
>
> Donatien Alphonse François Marquis de Sade

La jeune Tarentine

Pleurez, doux alcyons, ô vous, oiseaux sacrés,
Oiseaux chers à Thétis, doux alcyons, pleurez.
Elle a vécu, Myrto, la jeune Tarentine.
Un vaisseau la portait aux bords de Camarine.
Là l'hymen, les chansons, les flûtes, lentement,
Devaient la reconduire au seuil de son amant.
Une clef vigilante a, pour cette journée,
Dans le cèdre enfermé sa robe d'hyménée
Et l'or dont au festin ses bras seraient parés,
Et pour ses blonds cheveux les parfums préparés.

Mais, seule sur la proue, invoquant les étoiles,
Le vent impétueux qui soufflait dans ses voiles
L'enveloppe. Étonnée, et loin des matelots,
Elle crie, elle tombe, elle est au sein des flots.
Elle est au sein des flots, la jeune Tarentine.
Son beau corps a roulé sous la vague marine.
Thétis, les yeux en pleurs, dans le creux d'un rocher
Aux monstres dévorants eut soin de le cacher.
Par ses ordres bientôt les belles Néréides
L'élèvent au-dessus des demeures humides,
Le portent au rivage, et dans ce monument
L'ont, au cap du Zéphir[1], déposé mollement.
Puis de loin à grands cris appelant leurs compagnes,
Et les Nymphes des bois, des sources, des
                                                                    [montagnes,
Toutes frappant leur sein, et traînant un long deuil,
Répétèrent : « Hélas ! » autour de son cercueil.
Hélas ! chez ton amant tu n'es point ramenée.
Tu n'as point revêtu ta robe d'hyménée.
L'or autour de tes bras n'a point serré de nœuds.
Les doux parfums n'ont point coulé sur tes cheveux.

1. Petit vent ; brise.

MADELEINE ET CATHERINE DES ROCHES

Comme deux sœurs jumelles dont l'une serait la mère et l'autre la fille, l'histoire ne put séparer les dames Des Roches. Madeleine, la mère, naquit vers 1530 à Poitiers. Catherine fut la fille. On ne connaît pas sa date de naissance, mais elles moururent toutes deux le même jour, en 1587. Tendrement unies, inséparables, elles se ressemblaient par le visage et par l'esprit, se livrant l'une et l'autre au plaisir d'écrire. Publiés ensemble, leurs poèmes non plus ne voulurent point être séparés. Tel fut le destin de Madeleine et Catherine : limpide, pur, clair comme l'eau des roches.

MADELEINE

Ô de mon bien futur le frêle fondement !
Ô mes désirs semés en la déserte arène !
Ô que j'éprouve bien mon espérance vaine !
Ô combien mon tourment reçoit d'accroissement !

Ô douloureux regrets! ô triste pensement
Qui avez mes deux yeux convertis en fontaine!
Ô trop soudain départ! ô cause de la peine
Qui me fait lamenter inconsolablement!

Ô perte sans retour du fruit de mon attente!
Ô époux tant aimé qui me rendais contente;
Que ta perte me donne un furieux remords!

Las! puisque je ne puis demeurer veuve et vive,
J'impètre du grand Dieu que bientôt je te suive,
Finissant mes ennuis par une douce mort.

CATHERINE

Bouche dont la douceur m'enchante doucement
Par la douce faveur d'un honnête sourire,
Bouche qui soupirant un amoureux martyre
Apaisez la douleur de mon cruel tourment!

Bouche, de tous mes maux le seul allègement,
Bouche qui respirez un gracieux zéphyr(e):
Qui les plus éloquents surpassez à bien dire
À l'heure qu'il vous plaît de parler doctement;

Bouche pleine de lys, de perles et de roses,
Bouche qui retenez toutes grâces encloses,
Bouche qui recelez tant de petits amours,

Par vos perfections, ô bouche sans pareille,
Je me perds de douceur, de crainte et de merveille
Dans vos ris, vos soupirs et vos sages discours.

Gérard de Nerval

Ce siècle avait huit ans! Et Joseph Bonaparte
Faisait don à Murat du royaume de Naples.
Dans le sang du 3 mai, la France se noya,
L'empereur devenait l'ennemi de Goya,
Et dans Paris, naissait, orphelin de sa mère,
L'auteur de « Pandora », d'« Aurélia », des
                                    [« Chimères »,
Et qui mourut pendu tout près du Châtelet,
Sans un ami refrain, sans un ami couplet.
Gérard de son prénom, poète sans rival,
Il naquit Labrunie et mourut De Nerval.

Pastichant Victor Hugo, j'avais ainsi présenté, dans un
devoir de français, ce poète qui, pour tromper la vie, se jeta
dans les bras de la mort comme dans ceux d'une amante ;
et je me souviens, ce jour-là, avoir eu très justement une
fort mauvaise note. Car les vers de Nerval, rompant avec
ceux ronflants du romantisme, ouvraient aux poètes qui
devaient lui succéder les portes d'un labyrinthe dont il ne
voulut jamais revenir. A l'image d'Orphée cherchant son
Eurydice, il se donne la mort pour mieux trouver la vie.
Préfigurant Baudelaire, Verlaine, Rimbaud et Mal-
larmé, ce mirage dont il nous parle et dont il extirpe en

194

vibrant le vertige est celui de l'amour quand il dort avec la folie.

> *Sois brune ou blonde*
> *Faut-il choisir?*
> *Le dieu du monde*
> *C'est le plaisir.*

Gérard de Nerval

Une allée du Luxembourg

Elle a passé, la jeune fille
Vive et preste comme un oiseau :
A la main une fleur qui brille,
A la bouche un refrain nouveau.

C'est peut-être la seule au monde
Dont le cœur au mien répondrait,
Qui venant dans ma nuit profonde
D'un seul regard l'éclaircirait!

Mais non, — ma jeunesse est finie...
Adieux, doux rayon qui m'as lui, —
Parfum, jeune fille, harmonie...
Le bonheur passait, — il a fui!

Fantaisie

Il est un air pour qui je donnerais
Tout Rossini, tout Mozart et tout Weber[1],
Un air très vieux, languissant et funèbre,
Qui pour moi seul a des charmes secrets!

Or, chaque fois que je viens à l'entendre,
De deux cents ans mon âme rajeunit...
C'est sous Louis treize; et je crois voir s'étendre
Un coteau vert, que le couchant jaunit,

Puis un château de brique à coins de pierre,
Aux vitraux teints de rougeâtres couleurs,
Ceint de grands parcs, avec une rivière
Baignant ses pieds, qui coule entre des fleurs;

Puis une dame, à sa haute fenêtre,
Blonde aux yeux noirs, en ses habits anciens,
Que, dans une autre existence peut-être,
J'ai déjà vue... et dont je me souviens!

1. Se prononce Wèbre.

LA DAME NOIRE

Je ne connais rien d'elle si ce n'est ce poème trouvé un jour dans un recueil d'anonymes du XVIᵉ siècle.

Entre ces vers l'imaginant, je l'ai baptisée Dame Noire, car c'est ainsi que je l'ai vue dès que je l'ai lue, voilée de noir comme une veuve sur le chemin des mauvais jours.

Qui la dira la douleur de mon cœur

Qui la dira la douleur de mon cœur
Et la langueur qu'en mon âme je porte?
Pour n'avoir rien connu du mot douceur,
J'aimerais mieux sans espoir être morte!

Pour bien servir, je suis pleine de pleurs;
A mon coucher, je n'ai qui me conforte;
Je ne soutiens que peines et douleurs;
J'aimerais mieux sans espoir être morte!

Vrais amoureux souffrent bien du malheur
Par faux-rapports, et tout meurt de la sorte;
La bonne amour ne va jamais sans peur;
J'aimerais mieux sans espoir être morte!

Ils n'osent plus se dire avec chaleur
Et loyauté tout ce qui leur importe,
Et leur amour se fane comme fleur;
J'aimerais mieux sans espoir être morte!

Si notre amour a perdu sa couleur
C'est pour mourir; que le diable l'emporte!
C'est du bonheur que j'appris le malheur;
J'aimerais mieux sans espoir être morte!

CHARLES DOVALLE

Son histoire semble tirée d'un roman de Balzac : jeune auteur provincial, il monte du Maine-et-Loire à Paris, envoie ses premiers essais aux poètes en vogue. Bien accueilli, il publie une chanson dont tout Paris fredonne « le gracieux refrain », et, dans le même élan, il meurt à 22 ans, d'une balle en plein cœur, lors d'un duel stupide au moment où il va faire paraître son premier recueil. Tel fut le destin de Charles Dovalle, dont Victor Hugo, préfaçant le premier et dernier recueil, écrivit : « Ce qui me frappe, c'est que tout, dans ce livre d'un poète si fatalement prédestiné, tout est grâce, tendresse, fraîcheur, douceur harmonieuse... » Il n'hésite pas à parler de Dovalle comme d'un Chénier de vingt ans, mort prématurément. « Le sylphe, poésie de feu Charles Dovalle, précédé d'une notice par monsieur Louvet et d'une préface par Victor Hugo », fut publié un an après la mort du poète, en 1830. J'aime Charles Dovalle et sa façon d'être en amour avec les mots de cette enfance qui se cherche le cœur.

199

Premier désir

Une femme !!! Jamais une bouche de femme
N'a soufflé sur mon front !... ne m'a baisé d'amour !...
Jamais je n'ai senti, sous deux lèvres de flamme,
Mes deux yeux se fermer et s'ouvrir tour à tour !...
Et jamais un bras nu, jamais deux mains croisées,
Comme un double lien, autour de moi passées,
N'ont attiré mon corps vers un bien inconnu !...
Jamais un œil de femme au mien n'a répondu !...
Une femme !... une femme !... Oh ! qui pourra me dire
Si jamais une femme, avec son doux sourire,
Avec son sein qui bat, et qui fait palpiter,
Avec sa douce voix qu'il est doux d'écouter,
Si jamais une femme, aimable et prévenante,
Amie, aux mauvais jours ; aux jours heureux, amante ;
Si cet ange du ciel un jour me sourira !...
Si sa main à ma main quelquefois répondra !...
Je suis jeune, et pourtant la gaieté m'est ravie.
Et pourtant sans plaisir je dépense la vie ;

Et souvent, quand, pour moi, les heures de la nuit
S'écoulent sans sommeil, sans songes et sans bruit,
Il passe dans mon cœur de brûlantes pensées,
D'invincibles désirs, des fougues insensées...
Je ne respire plus!... c'est alors que ma voix
Murmure un nom, tout bas... C'est alors que je vois
M'apparaître à demi, jeune, voluptueuse,
Sur ma couche penchée, une femme amoureuse,
Une image de femme, une femme... Oh! pourquoi,
Quand mes bras étendus vont l'attirer sur moi,
Fuit-elle tout d'un coup, ainsi qu'une ombre vaine?...
Sur sa trace parfois le délire m'entraîne :
Je m'élance, j'appelle... Au silence profond,
A l'ombre où je m'égare, à l'air qui m'environne,
Au sommeil qui me fuit, au lit que j'abandonne
Je demande une femme... et rien ne me répond!...
Rien!... rien autour de moi!... Comme arraché d'un
                                        [songe,
Je m'arrête soudain... Je m'étonne... Je songe
Que je suis seul, tout seul... tout seul!... et j'ai vingt ans!
Tout seul!... et mon cœur brûle!... Ô toi que j'ai
                                        [rêvée
Femme, à mes longs baisers si souvent enlevée,
Ne viendras-tu jamais!... Viens... Oh! viens!... je
                                        [t'attends!

A une Jeune Fille

Sicut lilium in vallis.

Ps.

Ta joue est pâle, jeune fille,
Est pâle comme un lis en fleur;
Dans tes yeux une larme brille;
Tous les jours tu dis à ton cœur :
« O mon cœur, ne bats pas si vite,
Sommeille, mon cœur, si tu peux! »
Et tu souffres, pauvre petite,
Et tu ne sais ce que tu veux!...

La Jeune Fem[1]

Délaiss

Et noluit consolari...

La souffrance a creusé mes joues,
Les larmes ont terni mes yeux...
Toi, pauvre enfant, tu ris et joues
Dans mes bras, crédule et joyeux!...

Oh! que j'ai envie à ton enfance,
Cher petit, son charm ngénu,
Et sa tranquille ins   e,
Et son cœur qui   nu!...

Faible oiseau, battu par l'orage,
Moi, j'ai vécu... moi, j'ai souffert...
Moi, j'ai tant pleuré, qu'avant l'âge
Mon front de rides s'est couvert...

1. Cette pièce inachevée a été retirée du portefeuille traversé par la balle, et nous la donnons ici avec les traces de mutilation que cette balle y a laissées.

Et pourtant, la vie était douce
Autrefois à mon cœur aimant!
Comme un flot qu'un autre flot pousse,
Mes jo   coulaient paisiblement!

J'ét   lors une humble fille,
Heureu e, en son obscurité,
D'avoir l'amour de sa famille,
La paix de l'âme et la gaîté.

Brillant d'u   nheur ineffable,
Pour moi co   ençait l'avenir,
Et ma jeunesse était semblable
A la fleur qui vient de s'ouvrir :

Sa Munificence le Trésorier de la Cour d'Amour

VOITURE

Né à Amiens en 1597 et mort à Paris en 1648, Vincent Voiture fut un poète mondain, badin, mais dont la poésie parfois affectée ne manquait pas de quelques traits d'humour et de drôlerie, manifestant, à travers sa préciosité, une verve et une imagination qui éveillèrent l'intérêt de Jean de La Fontaine. Épris, comme l'auteur des Fables, d'archaïsme et de tournures anciennes, Vincent Voiture, ressuscita, dans cette première moitié du XVIIe siècle, une forme aussi sophistiquée que l'avatar ultime des rondeaux primitifs, baptisés plus tard rondeaux marotiques parce que popularisés par Jean Marot, dans la première moitié du XVe siècle, et institutionnalisés par Clément Marot dans la seconde moitié du XVIe siècle. Il rendit ainsi à cette forme un essor inespéré après un bon siècle d'oubli, et s'en servit pour exprimer l'esprit naissant de ce qui devait devenir, dans la seconde moitié du XVIIe siècle, la pensée libertine. Don Juans et Acastes, à vos rondeaux!

Nous n'avons su que trop souvent
Tout ce que peut un beau visage;
Mais par un tel apprentissage
Notre cœur devenu savant
En est aussi devenu sage.

Pierre Lalane

Pour vous servir, j'ai pu me dégager
D'une autre amour, et désirer changer
Un logement qui pourrait me suffire;
Et sans prévoir si mon sort serait pire,
Je n'ai point eu regret de déloger.

En quatre jours j'ai su déménager;
Dessous vos lois j'ai voulu me ranger,
Et quitterais derechef un empire,
    Pour vous servir...

Mais si cela ne vous peut obliger,
Je changerai sans beaucoup m'affliger :
Car j'ai le cœur tout fait comme de cire,
Doux et traitable, et, s'il faut vous le dire,
Je suis volage, inconstant et léger,
    Pour vous servir.

Madame et Messieurs les Conservateurs
de la Cour d'Amour

Pour les soustraire au géant Orion, Zeus changea les sept
filles d'Atlas et de Pléione en colombes, avant de les placer
parmi les étoiles du ciel. Puis vint le brigadier Ronsard,
attiré sans doute par les parfums de leurs jupons stellaires.
Il fit de ces Pléiades une confrérie littéraire. Avec lui,
Joachim du Bellay, Ponthus de Thiard, Jean-Antoine de
Baïf, puis, à partir de 1553, Étienne Jodelle, Jean Bastier
de la Péruse, Rémi Belleau et Jacques Pelletier du Mans
qui remplaça, en 1555, Guillaume des Autels. Que dire de
plus, si ce n'est que nous devons à leur brigade poétique,
d'authentiques chefs-d'œuvre dans l'art de dire l'amour en
vers. Je n'en veux pour preuve que ces quelques pièces de
Ronsard et du Bellay : à faire tomber de leur ciel les sept
filles d'Atlas.

Madeleine de l'Aubépine

Madeleine de l'Aubépine fut l'ornement des cours de Charles IX, Henri III, et Henri IV. Célébrée par Ronsard, elle assuma sa condition de Muse, et composa quelques pièces de vers, dont le tour galant ne manque pas d'ajouter à sa séduction un naturel devenu légendaire. Née en 1546, Madeleine de l'Aubépine quitta ce monde en 1596 après avoir vécu dans toute sa splendeur l'âge d'or du sonnet français.

Sonnet

L'on verra s'arrêter le mobile du monde,
Les étoiles marcher parmi le firmament,
Saturne infortuné luire bénignement,
Jupiter commander dedans le creux de l'onde.

L'on verra Mars paisible et la clarté féconde
Du Soleil s'obscurcir sans force et mouvement,
Vénus sans amitié, Stilbon sans changement,
Et la Lune en carré changer sa forme ronde,

Le feu sera pesant et légère la terre,
L'eau sera chaude et sèche et dans l'air qui l'enserre,
On verra les poissons voler et se nourrir,

Plutôt que mon amour, à vous seul destinée,
Se tourne en autre part, car pour vous je fus née,
Je ne vis que pour vous, pour vous je veux mourir.

Joachim du Bellay

Autre baiser

Quand ton col de couleur de rose
Se donne à mon embrassement,
Et ton œil languit doucement
D'une paupière à demi close,
Mon âme se fond du désir,
Dont elle est ardentement[1] pleine,
Et ne peut souffrir à grand'peine,
La force d'un si grand plaisir.
Puis quand j'approche de la tienne
Ma lèvre, et que si près je suis,
Que la fleur recueillir je puis
De ton haleine Ambrosienne[2] :
Quand le soupir de ces odeurs,
Où nos deux langues qui se jouent,

1. Ardemment.
2. Ambroisie : nourriture des dieux de l'Olympe.

Moitement folâtrement et nouent,
Évente mes douces ardeurs,
Il me semble être assis à table
Avec les dieux, tant suis heureux,
Et boire à longs traits savoureux
Leur doux breuvage délectable.
Si le bien qui au plus grand bien
Est plus prochain, prendre on me laisse,
Pourquoi ne permets-tu, maîtresse,
Qu'encores le plus grand soit mien?
As-tu peur que la jouissance
D'un si grand heur me fasse Dieu,
Et que sans toi je vole au lieu
D'éternelle réjouissance[1]?
Belle, n'aie pas peur de cela,
Partout où sera ta demeure,
Mon ciel jusqu'à tant que je meure,
Et mon paradis sera là.

1. Lire ré-jou-i-ssance.

PIERRE DE RONSARD

Tant de fois s'appointer, tant de fois se fâcher,
Tant de fois rompre ensemble et puis se renouer,
Tantôt blâmer Amour et tantôt le louer,
Tant de fois se fuir, tant de fois se chercher,
    Tant de fois se montrer, tant de fois se cacher,
Tantôt se mettre au joug, tantôt le secouer,
Avouer sa promesse et la désavouer,
Sont signes que l'Amour de près nous vient toucher.
    L'inconstance amoureuse est marque d'amitié.
Si donc tout à la fois avoir haine et pitié,
Jurer, se parjurer, serments faits et défaits,
    Espérer sans espoir, confort sans réconfort,
Sont vrais signes d'amour nous entr'aimons bien fort
Car nous avons toujours ou la guerre, ou la paix.

JOACHIM DU BELLAY

Sonnet

Ce Paradis, qui soupire le bâme,
D'une Angélique, et sainte gravité
M'ouvre le ris, mais bien la Deïté,
Où mon esprit divinement se pâme.

Ces deux Soleils, deux flambeaux de mon âme,
Pour me rejoindre à la Divinité,
Percent l'obscur de mon humanité
Par les rayons de leur jumelle flamme.

Ô cent fois donc, et cent fois bienheureux
L'heureux aspect de mon Astre amoureux!
Puisque le ciel voulut à ma naissance

Du plus divin de mes affections
Par l'alambic de vos perfections
Tirer d'Amour une cinquième essence.

PIERRE DE RONSARD

Mignonne, allons voir si la rose
Qui ce matin avait éclose
Sa robe de pourpre au Soleil,
A point perdu cette vesprée
Les plis de sa robe pourprée,
Et son teint au vôtre pareil.

Las! voyez comme en peu d'espace,
Mignonne, elle a dessus la place
Las! las! ses beautés laissé choir!
Ô vraiment marâtre Nature,
Puis qu'une telle fleur ne dure
Que du matin jusques au soir!

Donc, si vous me croyez, mignonne,
Tandis que votre âge fleuronne
En sa plus verte nouveauté,
Cueillez, cueillez votre jeunesse :
Comme à cette fleur la vieillesse
Fera ternir votre beauté.

Sa Tempérance l'Huissier de la Cour d'Amour

François Marie Arouet dit Voltaire

Né en 1694 et mort en 1778 à Paris, François Marie Arouet est connu du monde entier sous le nom de Voltaire. Toute sa philosophie ne l'empêcha point de donner dans l'art dramatique et parfois même dans l'art poétique, à la grande consternation de son antifrère Jean-Jacques Rousseau, qui semblait trouver dommageable pour un grand esprit l'expression légère des sentiments humains. Mais j'aime à citer cette petite pièce de vers, où le jeune séducteur libertin se plaint d'être devenu un inconsolable Arnolphe, un don Juan qui n'a pas eu la chance de mourir à trente ans. Ce poème, d'un désespoir plein d'ironie, m'a toujours ému et m'émeut encore, sans doute parce que j'y sens, sous la plume d'un vieux philosophe, la nostalgie d'un jeune poète qui n'a jamais pu s'exprimer.

Obtenir veux, et ne puis requérir,
Ainsi me blesse, et ne me veut guérir
Ce vieil enfant, aveugle archer, et nu.

Du Bellay

A madame du Châtelet

Si vous voulez que j'aime encore,
Rendez-moi l'âge des amours;
Au crépuscule de mes jours
Rejoignez, s'il se peut, l'aurore.

Des beaux lieux où le Dieu du vin
Avec l'Amour tient son empire,
Le Temps, qui me prend par la main,
M'avertit que je me retire.

De son inflexible rigueur
Tirons au moins quelque avantage,
Qui n'a pas l'esprit de son âge,
De son âge a tout le malheur.

Laissons à la belle jeunesse
Ses folâtres emportements.
Nous ne vivons que deux moments :
Qu'il en soit un pour la sagesse.

Quoi! pour toujours vous me fuyez,
Tendresse, illusion, folie,
Dons du ciel, qui me consoliez
Des amertumes de la vie!

On meurt deux fois, je le vois bien :
Cesser d'aimer et d'être aimable,
C'est une mort insupportable ;
Cesser de vivre, ce n'est rien...

La gente et les gentils Héraults
de la Cour d'Amour

Suzon de Terson

Poétesse provinciale, Suzanne de Terson naquit en 1657 à Puylaurens dans une famille aisée qui lui permit de s'éveiller très tôt à sa vocation poétique. Enfant prodige, ses premiers vers datent de sa quatorzième année. Aussi son père, Antoine de Terson, féru de poésie, se plut-il à l'encourager dès qu'il prit conscience de son talent. On ne sait presque rien sur sa vie si ce n'est qu'elle épousa le 10 avril 1677 « le sieur Elie Rivals » appartenant comme elle à l'Eglise réformée et qu'elle dut s'enfuir avec lui aux Pays-Bas, après la révocation de l'Édit de Nantes, où elle mourut en exil comme tant d'autres Huguenots.

Sa poésie coquette et trépidante nous parle joliment d'amour avec une pointe d'accent du Sud-Ouest.

Madrigal

Hé quoi ! je vis encore et l'on bénit mon sort
    Ah ! qu'il est peu digne d'envie.
Lors qu'un cœur malheureux s'est cru près de la mort,
Qu'il est triste et confus de se trouver en vie !
Que ne me laisse-t-on dans mon abattement ?
Être comme j'étais sans vous sans mouvement,
Me causait moins de maux que ma douleur extrême.
Mon cœur ne sentait rien dans cet heureux moment
Et dès que ce cœur vit, hélas ! je sens qu'il aime.
Dès que ces tristes yeux peuvent revoir le jour
    Dès que je sens que je respire
    Je sens aussi que je soupire
Et mon premier soupir est d'un soupir d'amour.

CLÉMENT MAROT

Clément Marot naquit à la cour de Louis XII en 1495 et mourut sous le règne de François Ier en 1544, pauvre et obscur, après une vie de gloire et de persécution. Son père, Jean Marot (1463-1523), formé à la poésie par Anne de Bretagne, fut le poète officiel de la cour de Louis XII et sans doute le précepteur en poésie de François Ier, Marguerite de Navarre et bien d'autres poètes encore, dont son fils, Clément, à qui il devait léguer ses ultimes fonctions de valet de chambre du Roi François Ier. Bien que Marot fût poète de cour, il fut souvent obligé de se cacher ou de fuir en raison de ses trop franches opinions ou tout au moins de celles que lui prêtaient ses ennemis. C'est pour cela que Michelet le définira comme « un pauvre lièvre entre deux sillons ». Mais cette existence difficile ne lui ôta jamais le goût des plaisirs de la vie, et Marot chanta l'amour avec autant de verve et d'esprit qu'il en usa pour exprimer sa libre pensée.

De celui qui ne pense qu'en s'amie

Toutes les nuits je ne pense qu'à celle,
Qui a le corps plus gent qu'une pucelle
De quatorze ans, sur le point d'enrager :
Et au-dedans un cœur, pour abréger,
Aussi joyeux qu'eut jamais demoiselle.
    Elle a beau teint, un parler de bon zèle,
Et le tétin rond comme une groseille[1] :
N'ai-je donc pas bien cause de songer
        Toutes les nuits ?
    Touchant son cœur, je l'ai en ma cordelle[2],
Et son mari n'a sinon le corps d'elle :
Mais toutefois, quand il voudra changer,
Prenne le cœur : et pour le soulager
J'aurai pour moi le gent corps de la belle
        Toutes les nuits.

1. S'écrit groiselle en vieux français et fait la rime avec zèle.
2. Tenir attaché par les liens de l'amour.

MELLIN DE SAINT GELAIS

« qui travailla tant pour la gloire des Muses
que les Muses reconnaissantes ne s'en pourront
jamais tarir ».

*Neveu ou fils naturel de l'autre Saint Gelais, l'évêque
d'Angoulême (Octavien 1466-1502), Mellin de Saint Gelais
naquit en 1491 à Paris et pendant la plus grande partie de
son existence, il jouit d'une renommée qui égala et dépassa
même celle de Marot, et cela, bien que jusqu'à sa mort, il
fût demeuré un poète inédit. Théologien, astronome, astrologue, il passait pour omniscient. Il maîtrisait l'art de la
danse et du chant comme personne. Il fut certainement l'un
des plus grands luthistes de son temps, et ses poèmes
d'amour mettaient en émoi toutes les dames. Combien
d'entre elles se seraient damnées pour voir se poser dans
leur chambre une de ses colombes messagères, portant,
attaché à une patte, un de ces billets doux dont il avait le
secret. La légende raconte qu'à sa mort, en 1558, sentant sa
fin proche, il se fit apporter un luth et rendit l'âme en
chantant son dernier poème. D'autres racontent qu'en
infatigable homme d'esprit et voyant ses différents méde-
cins se disputer sur les mesures à prendre pour guérir sa
maladie, il s'écria : « Messieurs, je vais tous vous tirer de*

peine », se retourna et mourut dans un sourire. La publication posthume de son œuvre suscita bien des controverses, mais je tiens Mellin de Saint Gelais pour l'un de nos plus troublants hommes de plume, un poète mystérieux, dont les mots d'amour voyageront toujours sous l'aile des colombes.

Sonnet

Il n'est point tant de barques à Venise,
 D'huîtres à Bourg, de lièvres en Champagne,
 D'ours en Savoie, et de veaux en Bretagne,
 De cygnes blancs le long de la Tamise,
Ni tant d'Amours se traitant en l'église,
 De différends aux peuples d'Allemagne,
 Ni tant de gloire à un seigneur d'Espagne,
 Ni tant de gens à la Cour de feintise[1],
Ni tant y a de monstres en Afrique,
 D'opinions en une république,
 Ni de pardons à Rome aux jours de fête,
Ni d'avarice aux hommes de pratique,
 Ni d'arguments en une Sorbonique,
 Que m'amie a de lunes en la tête.

[1]. D'hypocrisie.

Messires les Sous-Conservateurs
de la Cour d'Amour

OTHON DE GRANDSON

Seigneur vaudois, né en 1330 et mort en 1397 à Bourg-en-Bresse, lors d'un duel judiciaire truqué, il fut conseiller de la maison de Savoie, mais se distingua surtout par de nombreux faits de guerre et de tournois. Croisé en Orient et en Poméranie, c'est le poète et non le chevalier que retint l'Histoire, car il nous donne à lire aujourd'hui de merveilleuses pièces de vers (lais, virelais, ballades, rondeaux, chansons et complaintes) qui comptent parmi les chefs-d'œuvre du XIVe siècle.

« (...) Faites-vous dédier
Tant que voudrez ce que le vent emporte ! »

Marie de Romieu

Rondeau

S'il ne vous plaît que j'aille mieux,
Je prendrai en gré ma détresse.
Par Dieu, ma plaisante maîtresse
J'aimerais mieux être joyeux.

De vous suis si fort amoureux
Que mon cœur de crier ne cesse.
S'il ne vous plaît que j'aille mieux,
Je prendrai en gré ma détresse.

Belle, tournez vers moi vos yeux,
Et voyez en quelle tristesse
J'use mon temps et ma jeunesse
Et puis faites de moi vos jeux.

S'il ne vous plaît que j'aille mieux,
Je prendrai en gré ma détresse.
Par Dieu, ma plaisante maîtresse,
J'aimerais mieux être joyeux.

Jean-Pierre Claris de Florian

Dans un Languedoc encore vibrant de l'esprit du trobar naquit, en 1755, Jean-Pierre Claris de Florian, petit-neveu de Voltaire. Il mourut avec la Terreur, à Sceaux, en 1794. Malgré ses nombreux écrits (comédies, arlequinades, romans chevaleresques ou pastoraux) et surtout un merveilleux recueil de fables, joyaux de sensibilité et d'esprit, il n'aura vraiment gravé la mémoire du temps qu'avec une chanson d'amour. Il fallait qu'il en fût ainsi, et ce « plaisir d'amour, chagrin d'amour », ne pouvait naître que d'un héritier des troubadours.

La nef qui disjoint nos amours
N'a ci de moi que la moitié :
Une part te reste, elle est tienne,
Je la fie à ton amitié
Pour que de l'autre il te souvienne.

Marie Stuart

Plaisir d'amour

Plaisir d'amour ne dure qu'un moment,
Chagrin d'amour dure toute une vie.

J'ai tout quitté pour l'ingrate Sylvie,
Elle me quitte et prend un autre amant.
Plaisir d'amour ne dure qu'un moment,
Chagrin d'amour dure toute la vie.

Tant que cette eau coulera lentement
Vers le ruisseau qui borde la prairie,
Je t'aimerai, me répétait Sylvie;
L'eau coule encore, elle a changé pourtant!

Plaisir d'amour ne dure qu'un moment,
Chagrin d'amour dure toute la vie.

Alexis Félix Arvers

Poète et auteur dramatique français, (Alexis) Félix Arvers, né en 1806, un siècle avant mon père, et mort en 1850, à Paris, ne doit sa renommée qu'à un sonnet de son recueil « Mes heures perdues » (1833). Ce sonnet porte en lui la nostalgie des amours que nous n'aurons jamais vécues.

> *Très haut amour, s'il se peut que je meure*
> *Sans avoir su d'où je vous possédais*
> *En quel soleil était votre demeure*
> *En quel passé votre temps, en quelle heure*
> *Je vous aimais.*
>
> Catherine Pozzi

Sonnet

Mon âme a son secret, ma vie a son mystère,
Un amour éternel en un moment conçu :
Le mal est sans espoir, aussi j'ai dû le taire,
Et celle qui l'a fait n'en a jamais rien su.

Hélas! j'aurai passé près d'elle inaperçu,
Toujours à ses côtés, et pourtant solitaire;
Et j'aurai jusqu'au bout fait mon temps sur la terre,
N'osant rien demander et n'ayant rien reçu.

Pour elle, quoique Dieu l'ait faite douce et tendre,
Elle suit son chemin, distraite et sans entendre
Ce murmure d'amour élevé sur ses pas.

A l'austère devoir pieusement fidèle,
Elle dira, lisant ces vers tout remplis d'elle :
« Quelle est donc cette femme? » et ne comprendra pas.

TRISTAN CORBIÈRE

Héritier par la verve, la fantaisie et, la vivacité ryth-mique des harpeurs et jongleurs bretons du Ve siècle, Edouard Joachim Corbière dit Tristan Corbière naquit et mourut à Ploujean, près de Morlaix. Fils d'un capitaine au long cours, lui-même écrivain, ce Finistérien poitri-naire erra toute sa vie de Roscoff à Paris sans trouver de port d'attache. Il publia à compte d'auteur ses « Amours jaunes », en 1873, dans l'indifférence générale. Dix ans plus tard Verlaine remarqua cet antiparnassien au verbe tendre, épris d'amour avant toute chose et de sincérité dans les sentiments. Il en fit l'un de ses poètes maudits. Le général Lassalle, hussard de Napoléon Ier, avait coutume de répéter à ses soldats : « Tout hussard qui n'est pas mort à trente ans est un jean-foutre. » Tristan Corbière avait peut-être la même opinion sur les poètes. Les « Amours jaunes », qui n'ont pas eu la chance, comme « Les fleurs du mal », d'être condamnées pour immoralité, font partie des quelques livres que j'emporterais avec moi sur une île déserte. Chaque mot de ce recueil a l'amour gai comme on a le vin triste et, pour paraphraser l'Octave de Musset, divague dans l'esprit « comme un flacon syracusain ».

Sonnet à Sir Bob

Beau chien, quand je te vois caresser ta maîtresse,
Je grogne malgré moi — pourquoi? — Tu n'en sais
[rien...
— Ah! c'est que moi — vois-tu — jamais je ne caresse,
Je n'ai pas de maîtresse, et... ne suis pas beau chien.

— Bob! Bob! — oh! le fier nom à hurler d'allégresse!...
Si je m'appelais Bob... Elle dit Bob si bien!...
Mais moi je ne suis pas pur sang. — Par maladresse,
On m'a fait braque aussi... mâtiné de chrétien.

— Ô Bob! nous changerons, à la métempsycose:
Prends mon sonnet, moi ta sonnette à faveur rose;
Toi ma peau, moi ton poil — avec puces ou non.

Et je serai Sir Bob — Son seul amour fidèle!
Et mordrai les roquets, elle me mordrait, Elle!...
Et j'aurai le collier portant Son petit nom.

Son Éminence le Grand Concierge gardien des portes de la Cour d'Amour (et sa péronnelle)

Panulphe ou l'imposteur plus connu sous le nom de TARTUFFE

Né en 1664, sous la plume de Molière, et dont le jour de la mort est encore inconnu. Il fut sans doute précepteur occulte de ce Dom Juan Tenorio dont la première mort remonte au 15 février 1665, à la cour du Palais-Royal, et dont nous ne connaîtrons jamais celui de la dernière. Il lui enseigna l'art du démon de passer pour un ange. Preuve, cette tirade de l'acte III, scène 3, sans doute l'une des plus belles déclarations d'amour jamais faites à un ange par un démon.

Tartuffe

L'amour qui nous attache aux beautés éternelles,
N'étouffe pas en nous l'amour des temporelles.
Nos sens facilement peuvent être charmés
Des ouvrages parfaits que le Ciel a formés.
Ses attraits réfléchis brillent dans vos pareilles :
Mais il étale en vous ses plus rares merveilles.
Il a sur votre face épanché des beautés,
Dont les yeux sont surpris, et les cœurs transportés ;
Et je n'ai pu vous voir, parfaite créature,
Sans admirer en vous l'auteur de la nature,
Et d'une ardente amour sentir mon cœur atteint,
Au plus beau des portraits où lui-même il s'est peint.
D'abord j'appréhendai que cette ardeur secrète
Ne fût du noir esprit une surprise adroite ;

Et même à fuir vos yeux, mon cœur se résolut,
Vous croyant un obstacle à faire mon salut.
Mais enfin je connus, ô beauté toute aimable,
Que cette passion peut n'être point coupable,
Que je puis l'ajuster avecque la pudeur,
Et c'est ce qui m'y fait abandonner mon cœur.
Ce m'est, je le confesse, une audace bien grande,
Que d'oser de ce cœur, vous adresser l'offrande;
Mais j'attends en mes vœux tout de votre bonté,
Et rien des vains efforts de mon infirmité.
En vous est mon espoir, mon bien, ma quiétude:
De vous dépend ma peine ou ma béatitude;
Et je vais être enfin, par votre seul arrêt,
Heureux, si vous voulez; malheureux, s'il vous plaît.

(ACTE III, SCÈNE 3)

234

Sa Transparence le Fantôme de la Cour d'Amour

XAVIER FORNERET

Poète excentrique au désespoir cynique et au romantisme débridé, issu d'une famille bourgeoise de Beaune, où il naquit en 1809 et mourut en 1884, Xavier Forneret fut baptisé par André Breton « l'inconnu du romantisme ». Il est vrai que sa fortune, qu'il perdit suite à divers revers judiciaires, ne le favorisa jamais dans sa carrière littéraire : bien au contraire, elle fut sans doute l'un des facteurs qui discrédita son œuvre (comme si l'on ne pouvait pas être poète et nanti...). Poète, il le fut cependant, et l'on peut même dire poète maudit. Sa malédiction semble être celle du vampire qui ne peut supporter les rayons du soleil. Mort de son vivant aux lumières de la gloire, c'est dans la nuit de la postérité que Xavier Forneret trouvera seulement un peu d'éternité. Sans doute est-ce pour cela qu'il dormait dans un cercueil en ébène après avoir joué, pour les seuls rats qui l'écoutaient, du violon pendant des heures.

235

Elle

Vous ne savez son nom? — Celle pour qui je
                                        [chante
La vie d'amour de feu, puis après est mourante :
C'est un arbre en verdeur, un soleil en éclats,
C'est une nuit de rose ou languissants ébats.
C'est un torrent jeté par un trou de nuage ;
C'est le roi des lions dégarni de sa cage :
C'est l'enfant qui se roule et qui est tout en pleurs,
C'est la misère en cris, — c'est la richesse en fleurs.
C'est la terre qui tremble et la foudre qui tonne,
Puis le calme du soir, au doux bruit qui résonne :
C'est un choc qui renverse en tuant de frayeur,
Puis un pauvre qui donne, — ou le soupir qui meurt.
C'est un maître qui gronde, — un amant qui
                                        [caresse ;
C'est la mort, désespoir, deuil, bonheur, allégresse.
C'est la brebis qui bêle en léchant son agneau,
Puis la brise aux parfums, ou le vent dans l'ormeau. —

Bien sûr elle a deux cœurs : l'un qui vit et palpite ;
L'autre, frappé, battu, qui dans un coin habite.

On pense que son pied ne la soutiendra pas,
Tant il se perd au sol, ne marquant point de pas.
Ses cheveux sont si beaux qu'on désire se pendre
Avec eux, si épais qu'on ne peut pas les prendre.
Si petite est la place où l'entoure un corset
Qu'on ne sait vraiment pas comment elle le met.
Quelque chose en sa voix arrête, étreint, essouffle.
Des âmes en douceur s'épurent dans son souffle.
Et quand au fond du cœur elle s'en va cherchant,
Ses baisers sont des yeux, sa bouche est leur *Voyant*.

Pour toi.

A L'ENFANT

Lorsque l'enfant paraît, le cercle de famille
Applaudit à grands cris; son doux regard qui brille
Fait briller tous les yeux
Et les plus tristes fronts, les plus souillés peut-être,
Se dérident soudain à voir l'enfant paraître,
Innocent et joyeux.

Victor Hugo

Et de trois qui font tout
Ce qui manque à deux êtres;
A toujours; à partout;
Et de trois qui font tout!
L'enfant qui vient de nous
Et qui nous fait renaître;
Et de trois qui font tout
Ce qui manque à deux êtres...

ANONYME XIIIe SIÈCLE

Berceuse

Faites dodo beaux enfants beaux !
Et reposez le cœur content !
Jamais il n'y en eut autant :
Trois aux tombeaux
Trois en chambrette
Et dans leurs langes en lambeaux
Trois en égoût, trois en cuvette,
Trois qui dorment dans leurs berceaux...
Et toutes trois grosses nous sommes.
Faites dodo, faites un somme.

CHARLES FONTAINE

« Maison assise vis-à-vis
De notre dame et du parvis
Qui a la belle fleur de France
Pour son enseigne et démontrance ! »
Raisonne encor des premiers cris
D'un 1513 à Paris
Qui vit naître Charles Fontaine !
Car lorsqu'il touchait la trentaine,
En homme et poète fécond,
Il écrivit pour le second
Des six enfants qu'il engendra
L'ode par laquelle il aura
Du monde la reconnaissance;
Tel est cette hymne à la naissance :

Chant sur la naissance de Jean,
second fils de l'auteur

Mon petit fils, qui n'as encor rien vu,
A ce matin ton père te salue ;
Viens-t'en, viens voir ce monde bien pourvu
D'honneurs et biens qui sont de grant value ;
Viens voir ce monde qui devient le tien,
Viens voir le monde où y a tant de bien.

Viens voir le monde, où y a tant de maux ;
Viens voir ton père en procès qui le mène ;
Viens voir ta mère en de plus grands travaux
Que quand son sein te portait à grand'peine ;
Viens voir ta mère, à qui n'as laissé veine
En bon repos ; viens voir ton père aussi,
Qui a passé sa jeunesse soudaine,
Et à trente ans est en peine et souci.

Jean, petit Jean, viens voir ce tant beau monde,
Ce ciel d'azur, ces étoiles luisantes,
Ce soleil d'or, cette grand terre ronde,

Cette ample mer, ces rivières bruyantes,
Ce bel air vague et ces nuées courantes,
Ces beaux oiseaux qui chantent à plaisir,
Ces poissons frais et ces bêtes paissantes;
Viens voir le tout à souhait et désir.

Viens voir le tout sans désir et souhait;
Viens voir le monde en divers troublements;
Viens voir le ciel qui notre terre hait;
Viens voir combat entre les éléments;
Viens voir l'air plein de rudes soufflements,
De dure grêle et d'horribles tonnerres;
Viens voir la terre en peine et tremblements;
Viens voir la mer noyant villes et terres.

Enfant petit, petit et bel enfant,
Mâle bien fait, chef-d'œuvre de ton père,
Enfant petit, en beauté triomphant,
La grand-liesse, et joie de ta mère,
Le ris, l'ébat de ma jeune commère
Et de ton père aussi, certainement,
Le grand espoir, et l'attente prospère,
Tu sois venu au monde heureusement.

Petit enfant, sois donc le bien venu
Sur cette terre, où tu n'apportes rien,
Mais où tu viens comme un petit ver nu?
Tu n'as de drap, ni linge qui soit tien,
Or ni argent, n'aucun bien terrien;
A père et mère apportes seulement
Peine et souci, et voilà tout ton bien.
Petit enfant, tu viens bien pauvrement!

De ton honneur ne veuil plus être chiche,
Petit enfant, de grand bien jouissant,
Tu viens au monde, aussi grand, aussi riche
Comme le roi, et aussi florissant.
Ton héritage est le ciel splendissant;
Tes serviteurs sont les anges sans vice;
Ton trésorier, c'est le Dieu tout-puissant :
Grâce divine est ta mère nourrice.

Ainsi parlait Charl'à son petit Jean;
Et s'il mourut devant comme grosjean
A son soixant'quatorzième été,
Son fils lui fit don de l'éternité...

Toi mère et Fe **M** me
Ame de l' **A** me mère et femme plus que femme
Et mère plus que mè **R** e et plus loin qu'une femme
En **C** ore
E st femme d'Homme
Ô ces mots à **L** 'enfant que le temps nous apprend
Pour nous rendre à la v **I** e
Ou le re **N** dre à la mort
Ces mots que l'on t'arrach **E** au pays de tes cris

Aux nouveau-nés heureux

Petits enfants heureux, que vous savez de choses
   En naissant!
On dirait qu'on entend s'entreparler des roses,
Et que vous racontez votre ciel au passant.

Vos rires sont vainqueurs en buvant de vos mères
   Le doux lait,
Vous qui ne sentez pas que des larmes amères
Coulent dans ce nectar tiède et blanc qui vous plaît.

Ah! c'est pourtant ainsi, mes charmants camarades,
   Mais buvez!
La source où vous puisez d'abondantes rasades
Ne peut vivre et courir qu'autant que vous vivez.

Buvez! délectez-vous sans labeur et sans honte,
   Car un jour
Le sort qui reprend tout vous demandera compte
De ce lait qu'une mère offre avant tant d'amour!

Buvez! en étreignant cette femme penchée
                    Sur son fruit,
C'est la vigne céleste à la terre attachée
Dont la sève s'épanche éternelle et sans bruit.

La grande petite fille

Maman! comme on grandit vite!
Je suis grande, j'ai cinq ans!
Eh bien, quand j'étais petite,
J'enviais toujours les grands.

Toujours, toujours à mon frère,
S'il venait me secourir,
Même quand j'étais par terre,
Je disais : « Je veux courir! »

Ah! c'était si souhaitable
De gravir les escaliers!
A présent, je dîne à table;
Je danse avec mes souliers!

Et ma cousine Mignonne,
A qui j'apprends à parler,
Du haut des bras de sa bonne
Boude, en me voyant aller.

Pauvre enfant! Qu'elle est gentille
Quand elle pleure après moi!
J'en fais ma petite fille;
Je la baise comme toi,

Lorsque, me voyant méchante,
Tu chantais pour me calmer.
Je la calme aussi; je chante
Pour la forcer de m'aimer.

Et puis, maman, je suis forte;
Bon papa te le dira,
Son grand fauteuil, à la porte,
Sais-tu qui le roulera?

Moi! c'est sur moi qu'il s'appuie
Quand son pied le fait souffrir;
C'est moi qui le désennuie
Quand il dit : « Viens me guérir! »

Ô maman, je te regarde
Pour apprendre mon devoir,
Et c'est doux d'y prendre garde
Puisque je n'ai qu'à te voir.

Quand j'aurai de la mémoire,
C'est moi qui tiendrai la clé,
Veux-tu, de la grande armoire
Où le linge est empilé?

Nous la polirons nous-même
De cire à la bonne odeur;
Ô maman! puisque tu m'aimes,
Je suis sage avec ardeur!

Nous ferons l'aumône ensemble
Quand tes chers pauvres viendront.
Un jour, si je te ressemble,
Maman! comme ils m'aimeront!

Je sais ce que tu vas dire;
Tous tes mots, je m'en souviens.
Là, j'entends que ton sourire
Dit : « Viens m'embrasser! » Je viens!

Le coucher d'un petit garçon

Regarde : plus de feux, plus de
[bruit. Tout se tait.
La lune tout à l'heure à l'horizon
[montait,
Tandis que tu parlais.

Victor Hugo

Couchez-vous, petit Paul! il pleut. C'est nuit : c'est
[l'heure.
Les loups sont au rempart. Le chien vient d'aboyer.
La cloche a dit : « Dormez! » et l'ange gardien pleure,
Quand les enfants si tard font du bruit au foyer.

« Je ne veux pas toujours aller dormir; et j'aime
A faire étinceler mon sabre au feu du soir;
Et je tuerai les loups! je les tuerai moi-même! »

Et le petit méchant, tout nu! vint se rasseoir.

Où sommes-nous? mon Dieu! donnez-nous patience;
Et surtout soyez Dieu! soyez lent à punir :
L'âme qui vient d'éclore a si peu de science!
Attendez sa raison, mon Dieu! dans l'avenir.

L'oiseau qui brise l'œuf est moins près de la terre,
Il vous obéit mieux : au coucher du soleil,
Un par un descendus dans l'arbre solitaire,
Sous le rideau qui tremble ils plongent leur sommeil.

Au colombier fermé nul pigeon ne roucoule;
Sous le cygne endormi l'eau du lac bleu s'écoule,
Paul! trois fois la couveuse a compté ses enfants;
Son aile les enferme; et moi, je vous défends!

La lune qui s'enfuit, toute pâle et fâchée,
Dit : « Quel est cet enfant qui ne dort pas encor? »
Sous son lit de nuage elle est déjà couchée;
Au fond d'un cercle noir la voilà qui s'endort.

Le petit mendiant, perdu seul à cette heure,
Rôdant avec ses pieds las et froids, doux martyrs!
Dans la rue isolée où sa misère pleure,
Mon Dieu! qu'il aimerait un lit pour s'y blottir!

Et Paul, qui regardait encor sa belle épée,
Se coucha doucement en pliant ses habits :
Et sa mère bientôt ne fut plus occupée
Qu'à baiser ses yeux clos par un ange assoupis!

Ma fille

C'est beau la vie
Belle par toi,
De toi suivie
Toi devant moi!
C'est beau, ma fille,
Ce coin d'azur
Qui rit et brille
Sous ton front pur!

C'est beau ton âge
D'ange et d'enfant,
Voile, ou nuage,
Qui te défend
Des folles âmes
Qui font souffrir;
Des tristes flammes
Qui font mourir.

Dieu fit tes charmes,
Dieu veut ton cœur;
Tes jours sans larmes,
Tes nuits sans peur:
Mon jeune lierre,
Monte après moi!
Dans ta prière
Enferme-toi;

C'est beau, petite,
Le long chemin
Où je ne quitte
Jamais ta main :
Car dans l'espace,
Aux prosternés
Une voix passe
Qui dit : « Venez! »

Tout mal sommeille
Pour ta candeur;
Tu n'as d'oreille
Que dans ton cœur :
Quel temps? quelle heure?
Tu n'en sais rien :
Mais que je pleure,
Tu l'entends bien!

Adieu d'une petite fille

A l'école

Les plus beaux jours de nos vertes
[années
Semblent les fleurs d'un printemps
[gracieux,
Pressé d'orage et de vents pluvieux
Par qui soudain leurs couleurs
[sont fanées.

Madeleine Des Roches

Mon cœur battait à peine et vous l'avez formé ;
Vos mains ont dénoué le fil de ma pensée,
Madame ! et votre image est à jamais tracée
Sur les jours de l'enfant que vous avez aimé !

Si le bonheur m'attend, ce sera votre ouvrage ;
Vos soins l'auront semé sur mon doux avenir :
Et si, pour m'éprouver, mon sort couve un orage,
Votre jeune roseau cherchera du courage,
Madame ! en s'appuyant sur votre souvenir !

255

Ô rime avec l'enfer, Victor et Marceline !
Qui vous unit en vers, et dont la mort se fend
Pour vous prendre à chacun la vie de votre enfant !
Ô rime féminine autant que masculine !
Automne ! à Villequier, tu pris Léopoldine :
Le second des enfants de Victor qui mourut ;
Mais quand dix ans plus tard Ondine disparut,
Ce fut le quatrième pour toi Marceline...
Marceline pour toi ce fut le quatrième !
Le quatrième enfant que tu rendis aux cieux ;
Le quatrième amour dont tu fermas les yeux ;
La quatrième mort de ton plus beau poème...
Marceline ! en six ans tu mourus de chagrin ;
Victor quarante années mit son mal en sourdine ;
Et condamné à vivre sans Léopoldine,
Écrivit, écrivit, comme un sème du grain...
Ainsi pour le meilleur unis contre l'Empire,
Marceline exprimant du pauvre les tourments
Ouvrait grand à Victor la voie des Châtiments ;
Mais la mort de l'enfant les unit pour le pire...
Ils étaient l'un et l'autre amis du genre humain,
Et donnèrent leurs mots pour défendre les droits
Des humbles, des petits ; malgré leurs désarrois
Ils n'ont jamais écrit que le cœur sur la main ;
Mais pourtant le destin qui prend le nom de Dieu
Ne leur rendit jamais pour prix de leur belle âme
Au pays de l'amour, que ce qui fait son drame ;

Au pays du bonjour, que les maux de l'adieu...
Victor eut de la chance : il put être grand-père,
Mais hélas Marceline à trois mois dut pleurer
La mort du fils d'Ondine avant de l'enterrer ;
N'ayant ni le bonheur ni l'art d'être grand-mère...
Comment peut-on survivre à ceux qu'on a fait naître
Et ne jamais mourir avant ceux qui sont nous ?
Comment, Mon Dieu ! comment ? je te prie à genoux
De m'épargner ce mal que je ne veux connaître !
Marceline et Victor humblement je m'incline
En vers devant la tombe de Léopoldine
Et de tous vos enfants, couchant avec Ondine
Cette rime entre vous, Victor et Marceline !

Demain dès l'aube, à l'heure où blanchit la
[campagne,
Je partirai. Vois-tu, je sais que tu m'attends.
J'irai par la forêt, j'irai par la montagne.
Je ne puis demeurer loin de toi plus longtemps.

Je marcherai les yeux fixés sur mes pensées,
Sans rien voir au-dehors, sans entendre aucun bruit,
Seul, inconnu, le dos courbé, les mains croisées,
Triste, et le jour pour moi sera comme la nuit.

Je ne regarderai ni l'or du soir qui tombe,
Ni les voiles au loin descendant vers Harfleur,
Et quand j'arriverai, je mettrai sur ta tombe
Un bouquet de houx vert et de bruyère en fleur.

(3 septembre 1847)

Elle avait pris ce pli dans son âge enfantin
De venir dans ma chambre un peu chaque matin ;
Je l'attendais ainsi qu'un rayon qu'on espère ;
Elle entrait, et disait : « Bonjour, mon petit père » ;
Prenait ma plume, ouvrait mes livres, s'asseyait
Sur mon lit, dérangeait mes papiers, et riait,
Puis soudain s'en allait comme un oiseau qui passe.
Alors, je reprenais, la tête un peu moins lasse,
Mon œuvre interrompue, et, tout en écrivant,
Parmi mes manuscrits je rencontrais souvent
Quelque arabesque folle et qu'elle avait tracée,
Et mainte page blanche entre ses mains froissée
Où, je ne sais comment, venaient mes plus doux vers.
Elle aimait Dieu, les fleurs, les astres, les prés verts,
Et c'était un esprit avant d'être une femme.
Son regard reflétait la clarté de son âme.
Elle me consultait sur tout à tous moments.
Oh ! que de soirs d'hiver radieux et charmants
Passés à raisonner langue, histoire et grammaire,
Mes quatre enfants groupés sur mes genoux, leur mère
Tout près, quelques amis causant au coin du feu !
J'appelais cette vie être content de peu !
Et dire qu'elle est morte ! hélas ! que Dieu m'assiste !
Je n'étais jamais gai quand je la sentais triste ;
J'étais morne au milieu du bal le plus joyeux
Si j'avais, en partant, vu quelque ombre en ses yeux.

(Novembre 1846, jour des morts)

258

　　　　　　　— *Victor! Papi Victor!*
　　　　　　— Quo I ?
　　　　— Dis! mes yeux, C'est quoi?
— Deux olives couleur noise Ttes.
　　　　　　　　— Et mOn nez, qu'est-ce que c'est?
　　　— Un toboggan pouR larmes.
— Et mes oreilles?
— Deux ailes de papillon en vacances.
　　　　　　— Et mes cHeveux?
— Des rayons de soleil qui rUissellent...
　　　　　— Et ma Gorge?
　　　— Un garage à bizOus.
— Et mon grain de beauté là?
— C'est un grain de beauté là.

J eanne était au pain sec dans le cabinet noir,
Pour un crime quelconque, et, manquant au devoir,
J'allai voir la proscrite en pleine forfaiture,
Et lui glissai dans l'ombre un pot de confiture
Contraire aux lois. Tous ceux sur qui, dans ma cité,
Repose le salut de la société,
S'indignèrent, et Jeanne a dit d'une voix douce :
— Je ne toucherai plus mon nez avec mon pouce ;
Je ne me ferai plus griffer par le minet.
Mais on s'est récrié : — Cette enfant vous connaît ;
Elle sait à quel point vous êtes faible et lâche.
Elle vous voit toujours rire quand on se fâche.
Pas de gouvernement possible. A chaque instant
L'ordre est troublé par vous ; le pouvoir se détend ;

Plus de règle. L'enfant n'a plus rien qui l'arrête.
Vous démolissez tout. — Et j'ai baissé la tête,
Et j'ai dit : — Je n'ai rien à répondre à cela,
J'ai tort. Oui, c'est avec ces indulgences-là
Qu'on a toujours conduit les peuples à leur perte.
Qu'on me mette au pain sec. — Vous le méritez, certes,
On vous y mettra. — Jeanne alors, dans son coin noir,
M'a dit tout bas, levant ses yeux si beaux à voir,
Pleins de l'autorité des douces créatures :
— Eh bien, moi, je t'irai porter des confitures.

La sieste

Elle fait au milieu du jour son petit somme ;
Car l'enfant a besoin du rêve plus que l'homme,
Cette terre est si laide alors qu'on vient du ciel !
L'enfant cherche à revoir Chérubin, Ariel,
Ses camarades, Puck, Titania, les fées,
Et ses mains quand il dort sont par Dieu réchauffées.
Oh ! comme nous serions surpris si nous voyions,
Au fond de ce sommeil sacré, plein de rayons,
Ces paradis ouverts dans l'ombre, et ces passages
D'étoiles qui font signe aux enfants d'être sages,
Ces apparitions, ces éblouissements !
Donc, à l'heure où les feux du soleil sont calmants,
Quand toute la nature écoute et se recueille,
Vers midi, quand les nids se taisent, quand la feuille

La plus tremblante oublie un instant de frémir,
Jeanne a cette habitude aimable de dormir;
Et la mère un moment respire et se repose,
Car on se lasse, même à servir une rose.
Ses beaux petits pieds nus dont le pas est peu sûr
Dorment; et son berceau, qu'entoure un vague azur
Ainsi qu'une lueur rose au fond d'un falbala;
On la contemple, on rit, on sent fuir la tristesse,
Et c'est un astre, ayant de plus la petitesse;
L'ombre, amoureuse d'elle, a l'air de l'adorer;
Le vent retient son souffle et n'ose respirer.

La lune

Jeanne songeait, sur l'herbe assise, grave et rose;
Je m'approchai : — Dis-moi si tu veux quelque chose,
Jeanne? — car j'obéis à ces charmants amours,
Je les guette, et je cherche à comprendre toujours
Tout ce qui peut passer par ces divines têtes.
Jeanne m'a répondu : — Je voudrais voir des bêtes.
Alors je lui montrai dans l'herbe une fourmi.
— Vois! Mais Jeanne ne fut contente qu'à demi.
— Non, les bêtes, c'est gros, me dit-elle.

Leur rêve, c'est le grand. L'Océan les attire à sa grève,
Les berçant de son chant rauque, et les captivant
Par l'ombre, et par la fuite effrayante du vent;

Ils aiment l'épouvante, il leur faut le prodige.
— Je n'ai pas d'éléphant sous la main, répondis-je.
Veux-tu quelque autre chose? Ô Jeanne, on te le doit!
Parle. — Alors Jeanne au ciel leva son petit doigt.
— Ça, dit-elle. — C'était l'heure où le soir commence.
Je vis à l'horizon surgir la lune immense.

ÉPILOGUE

On n'est pas sérieux quand on a
[dix-sept ans.

Arthur Rimbaud

15 février 1843

Aime celui qui t'aime, et sois heureuse en lui.
— Adieu! — Sois son trésor, ô toi qui fus le nôtre!
Va, mon enfant béni, d'une famille à l'autre.
Emporte le bonheur et laisse-nous l'ennui!

Ici, l'on te retient; là-bas, on te désire.
Fille, épouse, ange, enfant, fais ton double devoir.
Donne-nous un regret, donne-leur un espoir,
Sors avec une larme! entre avec un sourire!

Victor Hugo

*A*insi s'achève cette anthologie. Puisse-t-elle vous inspirer le goût d'écrire vos « je t'aime » et de vivre avec les poètes comme on vit avec des amis. Il m'était impossible bien sûr dans ce livre de rassembler tous les poèmes que j'aime, encore moins leurs auteurs. Il m'a fallu faire un choix qui fut donc arbitraire. C'est le propre d'un choix; c'est celui d'une anthologie. Ce choix, l'année d'hier, aurait été différent. Et je sais que demain il le serait encore. Car ce sont mes émotions du moment qui l'ont déterminé. Et rien d'autre, ni critère de qualité, ni réflexion savante. Il n'est que le reflet de ce présent qui m'a pris par le cœur pendant ces derniers mois; ces dernières semaines... La mort de Léo... La naissance de ma fille... Merci donc à mon éditeur d'avoir arrêté ce choix.

Merci à Pierre Lartigue pour ses conseils éclairés et pour son soutien de chaque instant moral et logistique...

Merci à Jacques Roubaud d'avoir écrit « La Fleur inverse » et « Soleil du Soleil » et à Jean Audiau de m'avoir initié à l'art du troubadour.

Un jour Léo m'a dit : « Tu sais, Francis, la poésie, ça n'est jamais qu'un des surnoms que l'on donne à l'amour... » Alors, pour achever un livre de poèmes, que pourrais-je ajouter sinon :

« A vos amours! »

Les traductions des poèmes des troubadours et de leurs « vidas » ainsi que des sonnets de Pétrarque, Gacilaso de La Vega, Goethe et Shakespeare sont de Francis Lalanne.

INDEX DES AUTEURS

269

271

273

INDEX DES POÈMES

279

Table des Matières

Cet ouvrage
publié
aux Éditions
Les Belles Lettres
a été composé
par Eurocomposition 92310 Sèvres
et achevé d'imprimer
par l'Imprimerie Paillart
en octobre 1993
à Abbeville 80103